新版

大学1・2年生のための すぐわかる フランス語

Français

昴教育研究所講師……中島万紀子 著

東京図書

本書の楽しみ方

皆さん、こんにちは。「フランス語、なかなか覚えられない！」「第二外国語としてフランス語をとったけど、単位落としそう…」「いつかまとめて復習しようと思ってるうちに時が経ってしまった！」という人に向けて、この本を作ることになった。語学の勉強だから、やっぱり暗記、覚えないことには始まらないのだが、覚えられなくて困っている人からは「フランス語は読み方がわからないので結局覚えられない、でも付属の音声を聴いたりするのもちょっとメンドクサイ」という声が聞こえてきた。

そこで本書は、あえて音声は付けず、極力、カナをふるという方針で作ることになった。ぜひとも声に出して読みながら進んでいってほしい。カナはだんだんなくても平気になっていくから要らない！という人もいるだろうが、大丈夫、本書のカナは赤字で印刷してあるので、市販の赤い透明シートを使えばきれいに隠れてしまう。

また、基本的には左側ページにフランス語文を配置し、右側ページにその和訳にあたる日本語文を赤字で印刷してあるので、これまた赤い透明シートで訳文を隠しながら、いつでもどこでも手軽に勉強してもらえるようになっている。ぜひ試してみてほしい！

本書はちょっとした二重構造になっている。ナビゲーター役はカエルの「竹蔵」と白クマの「バルテズ」というちょっとマヌケ風味の二人組だ。この二人（匹？クマは頭？）にまつわる例文や、その他の一般的な例文が各章をひっぱっていくが、それとは別に、Leçon（ルソン） 7 からあとには、昼ドラ風のストーリーを展開してみた。

ひと口で言ってみれば、三姉妹がひとりの男を取り合う、という話なのだが、書いていてちょっと笑ってしまうほどベタな内容にしてみたので、ぜひ見て、声に出して読んで、覚えて、そしてよろしければ演じてみていただきたい…。ちょっと人物の関係が込みいっていたりもするので、飽きずに繰り返し読んでいただければ、これにまさる喜びはないと思っている。

では、竹蔵とバルテズの紹介をしながら、始めてみよう…!

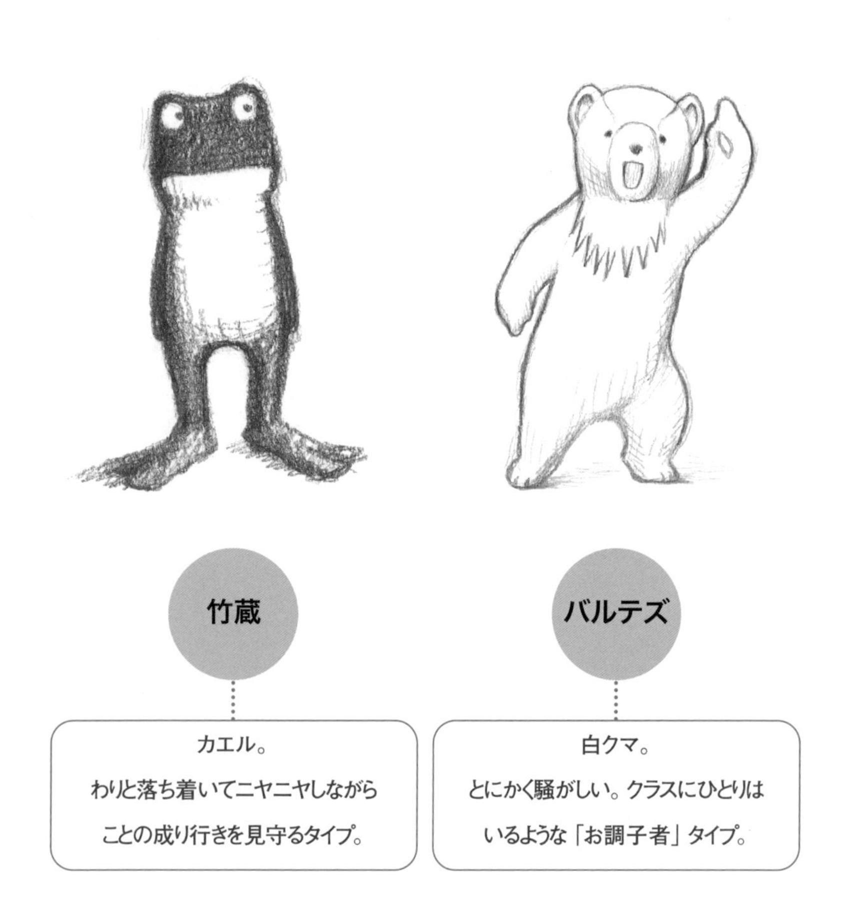

目次

本書の楽しみ方 iii

Leçon 1

1 フランス語の読み方 つづり字と発音の関係 2
2 名詞の性と数 ものにも性別がある!? 12
練習問題……1-1 14
発展問題……1-1 15
3 冠詞をいきなり3連発! 16
練習問題……1-2 22
発展問題……1-2 23
コラム ● 竹蔵の叫び「オレは女じゃねぇ!」 24

Leçon 2

1 第1群規則動詞(-er動詞)の活用(直説法現在) 26
練習問題……2-1 30
発展問題……2-1 31
コラム ● 発音合体3種類 32
2 否定形 34
練習問題……2-2 38
発展問題……2-2 39
コラム ● 否定の冠詞 de 40

Leçon 3

1 指示形容詞 「この〜、その〜」 42
2 所有形容詞 「わたしの〜、きみの〜」 44
3 数 「1から20まで」 46
練習問題……3 48
発展問題……3 49
コラム ● 有音のh、無音のh 50

Leçon 4

1 être と avoir の活用 (直説法現在) 52
2 il y a と c'est... の表現 「これは～だ」と「～がある」 58
3 形容詞 これまた性・数の一致が必要… 62
4 疑問文 66
練習問題……4 70
発展問題……4 71
コラム ● 形容詞の語順 72

Leçon 5

1 aller と venir の活用 (直説法現在) 74
2 前置詞 à および de の定冠詞との合体 à+le で au になる 78
3 近接未来 「もうすぐ～する」 86
4 近接過去 「今～したところだ」 88
練習問題……5 90
発展問題……5 91
コラム ● 形容詞の語順についてのオマケ 92

Leçon 6

1 第 2 群規則動詞 (-ir 動詞) の活用 (直説法現在) 94
練習問題……6-1 100
発展問題……6-1 101
2 比較級と最上級 「～より～だ」「一番～だ」 102
練習問題……6-2 112
発展問題……6-2 113
コラム ● 形容詞についてもう一言だけ ! 114

Leçon 7

1 不規則動詞 3 種 faire、prendre、partir 116
2 命令法 「～しろ !、～してください」 122

練習問題……7 128
発展問題……7 129

Leçon 8

1 疑問形容詞 「どんな」「～はなに」 132
2 疑問副詞 「いつ」「どこ」 134
練習問題……8 138
発展問題……8 139

Leçon 9

1 不規則動詞 pouvoir、vouloir 142
2 非人称の il を使った構文 146
3 疑問代名詞 「だれが？、だれを？」「なにが？、なにを？」 148
練習問題……9 152
発展問題……9 153

Leçon 10

1 人称代名詞 156
2 人称代名詞強勢形 162
練習問題……10 166
発展問題……10 167
コラム ● 「他人はオニ」 168

Leçon 11

1 直説法複合過去 「～した」 170
2 関係代名詞 178
3 指示代名詞 182
練習問題……11 186
発展問題……11 187

Leçon 12

1　代名動詞　190
2　直説法半過去　「〜していた」　200
3　直説法大過去　「すでに〜していた（し終えていた）のだった」　204
4　直説法単純未来　「〜するだろう」　208
5　直説法前未来　「すでに〜している（し終えている）だろう」　214
練習問題……12　218
発展問題……12　219

Leçon 13

1　受動態　「〜される」　222
2　中性代名詞　226
3　条件法現在　232
4　条件法過去　「〜したのになぁ」　238
練習問題……13　242
発展問題……13　243

Leçon 14

1　現在分詞　246
2　ジェロンディフ　248
3　接続法現在　252
4　接続法過去　260
練習問題……14　264
発展問題……14　265

問題の解答　266
あとがき　278

装丁●山崎幹雄デザイン室　イラスト●十文字かっぱ

Leçon 1

1　フランス語の読み方

2　名詞の性と数

3　冠詞をいきなり 3 連発！

1-1……フランス語の読み方 つづり字と発音の関係

アルファベ alphabet　とりあえずはこれから行こう…！

a	b	c	d	e
ア	べ	セ	デ	ウ
f	g	h	i	j
エフ	ジェ	アッシュ	イ	ジ
k	l	m	n	o
カ	エル	エム	エヌ	オ

p	q	r	s	t
ペ	キュ	エーる	エス	テ

u	v	w
ユ	ヴェ	ドゥブルヴェ
x	y	z
イックス	イグれック	ゼッド

よくフランス語の初学者で「読み方がわからないから活用や単語が覚えられない」と言う人がいるが、確かに読めないと口に出して練習できないし、口に出せないと覚えにくい。そこで、まずは読み方をきっちりマスターしておこう。

フランス語を学ぶとき最初に必ずやるのがこの alphabet（アルファベ）だが、実はそんなに使う機会がない。ただ、各字の名称だと思っておけばよいだろう。これを使うのは、旅行でフランスに行き、予約の確認などで名前を聞かれて、「つづりを教えてくれ」と言われるときなど。

竹蔵とバルテズなら、

T - A - K - E - Z - O
テ　ア　カ　ウ　ゼッド　オ

B - A - R - T - H - E - Z
ベ　ア　エーる　テ　アッシュ　ウ　ゼッド

となる。ちなみに、全国の「あきこ」さん！

あきこ、は「A-K-I-K-O（あかいかお)」だ。なんかうらやましい。

ところで、フランス語の発音の看板とも言われるのが **r**（エーる）の音だ。教えるほうも、なかなか難しいのだが、これはちょっとたとえは悪いが、たんを切るときに出る音、という要領でやってみるとそれらしくなる。英語の r とは縁もゆかりもない音なので、英語の r のことはキッパリ忘れて取り組もう。

本書では、r（エーる）の発音の読みガナは便宜上ひらがなのら行で表してみることにした。

アクサンなどつづり字の記号とその名称

é	**accent aigu** アクサン　テギュ
à, è, ù	**accent grave** アクサン　グらーヴ
â, ê, î, ô, û	**accent circonflexe** アクサン　スィるコンフレクス
ë, ï, ü	**tréma** トれマ

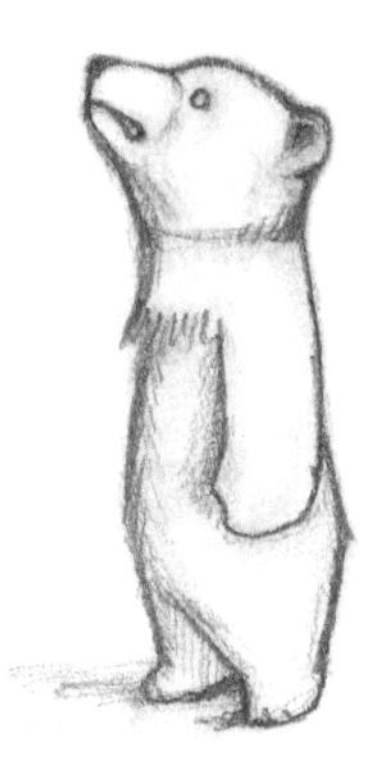

ç	**cédille** セディーユ

フランス語のつづりはアルファベだけではない。それにアクセント記号のような飾りをつける場合がある。代表的なものとしてまずaccent（アクサン）があるが、それには3種類ある。英語でいう「アクセント」のように、ついている音節を強く読むというわけではなく、発音の指示や語源的な事情によってくっついているものである。

eの字は、原則としてアクサンがつかないときは「ウ」の音、アクサンがついてはじめて「エ」と読むことになっている！
e以外は、アクサンがついても発音は特に変わらない。
「なんでこれがつくんだろう？」と考えてもしかたがない部分が大きいので、今は考えないようにしておこう。とにかくアクサンつきの字を含む単語は、もちろんアクサン込みで覚えないといけない。

ë、ï、üの上についている2つの点は、発音上の指示をする記号と考えていいだろう。
母音が続いたときに、うしろの母音を直前の母音と切り離して読むように指示を与える記号なのだ。
たとえば「まい」という名前の人がMaiとつづったら、フランス人には「メ」と読まれてしまう（この理由はすぐあとで発表！）。しかし、トレマを使ってMaïと書けばめでたく「マイ」と読んでもらえるというわけだ。

◎ただ、日本人の名でも公式表記ならアクサンをつけないのがふつう。本書では「竹蔵」はTakézôとしているが、これはアクサンとその機能に親しんでもらいたいからである。

çの下についているものも発音上の指示をする記号で、cを「サシスセソ」の音で読んでもらいたいときにつく記号。たとえばcaなら「カ」だが、çaなら「サ」になる。

母音の読み方

e	**livre** 本 リーヴる	**melon** メロン ムロン
é	**café** コーヒー キャフェ	**bébé** 赤ちゃん べべ
è	**grève** ストライキ グれーヴ	**père** 父親 ぺーる
ê	**crêpe** クレープ クれっプ	**fête** 祭り フェット
i	**pipe** パイプ ピップ	
a	**table** テーブル ターブル	
o	**photo** 写真 フォト	
u	**justice** 正義 ジュスティス	**univers** 宇宙 ユニヴェーる

さて、いよいよつづり字の読み方だ。フランス語は読み方が難しいと言われるが、英語よりも規則がハッキリしているので、いったん規則が頭に入ってしまうと知らない単語でもなんとか発音はできるようになる。ので、旅行に行ったときなどにメニューに書いてある料理を、さも知ってるような顔で注文できたりしてしまうのだ。

さっきも書いた大原則だが、**e** は、é や è などのようにつづり字記号が上についたときしか「エ」と読んではいけない！ e は原則として、口じゅうの力を抜いた「ウ」の音なのだ（あくまで原則なので例外はいろいろあるが…）。この関を越えられるかどうかで、その後のフランス語人生、近道か遠回りか決まってしまうので注意しよう。

i はいかなるときにも「イ」。英語のように「アイ」などと読まない。

a もいかなるときも「ア」。「エイ」などとは決して読まない。

o は「オ」。「オウ」のように二重母音として読んだりは決してしない。

u はいかなるときでも「ユ」。「ウ」ではなく「ユ」。

◎ちなみに、ca は発音記号だと [ka] で、カタカナで言うと「カ」と「キャ」の間くらい、ga も発音記号は [ga] だが、カタカナで表そうとすると「ガ」と「ギャ」の中間くらいの音。本書の読みガナは、迷ったあげく ca は「キャ」、ga は「ギャ」でふることに決めた。まあとにかく読みガナは便宜上のものなので、できることならテレビやラジオなども利用して、フランス人の発音にふれて、実際の音を確かめていただきたいと思っている。

フランス語に「二重母音」ナシ!

ai, ei「エ」 **lait** 牛乳 **Seine** セーヌ川
レ セヌ

au, eau「オ」 **auto** 自動車 **beauté** 美
オト ボテ

ou「ウ」 **amour** 愛 **vous** あなた(がた)
アムーる ヴ

oi「オワ」 **foie** 肝臓 **droit** 権利
フォワ ドろワ

鼻母音：3 種類の「アン」と 1 種類の「オン」

an, am, en, em

France フランス **chambre** 部屋 **vent** 風 **mensonge** 嘘
フらンス シャンブる ヴァン マンソンジュ

in, im, ain, ein

intéressant 興味深い **impôt** 税金 **écrivain** 作家
アンテれっサン アンポ エクりヴァン

peintre 画家
パントる

un, um **un** 一、ひとつの **parfum** 香水
アン パるファン

on, om は「オン」。**Japon** 日本 **chanson** 歌
ジャポン シャンソン

もうお気づきかと思うが、フランス語にはaを「エイ」、oを「オウ」と読んだりする二重母音がまったく存在しない！　しかしその反対に、ふたつの母音字を続けて書いて、ひとつの音に読むというものがあるので、しっかりおさえておこう。

鼻母音は、口を閉じずに言うと、うまくいく！

an、am、en、em は口を縦長に開いた「オン」に近い「アン」。

in、im、ain、ein は、口を平べったくした「エン」に近い「アン」。

un、um は、上記ふたつの「アン」の中間ぐらい。やや平たく言う。

on、om は「オン」。口を狭めに丸くして、のどの奥で鳴らそう。

子音いろいろ

petit 小さい
プティ

héros 英雄、主人公
エろ

château 城
シャトー

thé 茶
テ

montagne 山
モンターニュ

語末の子音は原則として発音しない。

h は発音しない。

ch はシャシュショの音になる。

th は t の音として考える。

gn はニャニュニョの音になる。

そのほかは、勉強しながらだんだんに覚えていける…はず！

1-2……名詞の性と数 ものにも性別がある !?

男性名詞と女性名詞

男性名詞♠		女性名詞♥	
père（ペーる）	父親	**mère**（メーる）	母親
frère（フれーる）	兄弟	**sœur**（スーる） ◎ œu はアとウの間の音	姉妹
livre（リーヴる）	本	**table**（ターブル）	テーブル
frigo（フりゴ）	冷蔵庫	**télévision**（テレヴィズィオン）	テレビ

複数形のつくり方

sac♠（サック） かばん ⇔ **sacs**（サック） （複数の）かばん

cravate♥（クらヴァット） ネクタイ ⇔ **cravates**（クらヴァット） （複数の）ネクタイ

さて、外国語は英語しかやってこなかった人にいやがられるのが名詞の「性」だ。フランス語には男性名詞と女性名詞がある！

生物学的な性別がはっきりしているものについては簡単で、父親 père（ペーる）が男性名詞、母親 mère（メーる）が女性名詞、なんていうのはわかりやすいし当たり前という感がある。問題なのは、およそ性別などもたないはずのモノにまですべて、文法上の「性」が決められているということで、フランス語を学ぶ人は、名詞を覚えるときにこの「性」もコミで覚えていかなければならないのだ…。

ちなみに、月並みだが、この本では男性名詞を♠のマーク、女性名詞を♥のマークで表すことにした。

原則として、名詞に **s** をつけると複数形ができる（例外もあるが）。

お気づきのとおり、s をつけても、せっかくつけたその s は発音しない！「じゃあ、耳で聞いただけでは単複の区別がつかないじゃん！」ということになるが、次の「冠詞」の項目を見ると、その疑問は氷解する…はずなのである…。

練習問題 1-1

読みガナを書いてみよう！

（1）sable ♠　砂

（2）mère ♥　母親

（3）ligne ♥　線

（4）semaine ♥　週

（5）magasin ♠　店

◎母音と母音にはさまれたｓの音はにごってザジズ…となる。

（6）connaissance ♥　知識

◎母音と母音にはさまれたｓでも、ｓが２連ならにごらない。

（7）université ♥　大学

◎アクサンのないｅでも、直後に２つ子音が続けば「エ」と読むことになっている！

（8）pain ♠　パン

◎サービス問題！

（9）porte ♥　扉・ドア

（10）port ♠　港

発展問題 1-1

読みガナを書いてみよう！

（1）choix ♠　選択、選択肢

（2）président ♠　議長、大統領

（3）four ♠　オーブン、かまど

◎c、f、l、r の子音は、語末にあっても例外的に読むことが多い。

（4）sens ♠　感覚、センス

◎s も、語末にあっても例外的に読むことがたまにある（なんかゴメンなさいね）。

（5）thérapie ♥　治療学、セラピー

（6）commun（形容詞）　共通の、公共の

（7）minute ♥　分

（8）main ♥　手

（9）ordinateur ♠　コンピュータ

（10）imprimante ♥　プリンタ

1-3……冠詞をいきなり3連発！

不定冠詞「ひとつの〜、ある〜」「いくつかの〜」

男性単数♠	女性単数♥	男・女複数♠♥
un アン	**une** ユヌ	**des** デ

男性名詞♠

 **un ours** アヌるス ある（1頭の）クマ	 **des ours** デズるス 数頭のクマ

◎ ours（ウるス）は、例外的に語末の s を読む単語。読み方については 32 ページのコラム参照。

女性名詞♥

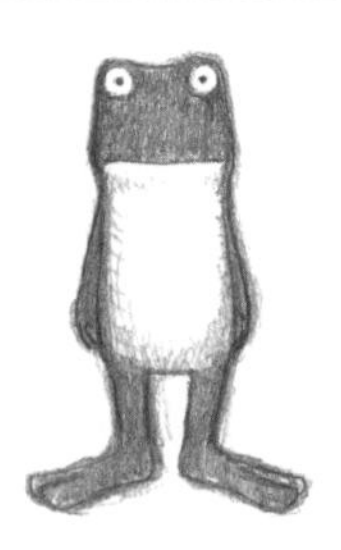 **une grenouille** ユヌ グるヌイユ ある（1匹の）カエル	 **des grenouilles** デ グるヌイユ 数匹のカエル

「不定冠詞」とは、初めて話題にのぼる名詞（初出の名詞）につける冠詞。要するに英語の a、an にあたるものだ。
男性単数の名詞には **un**（アン）を、女性単数の名詞には **une**（ユヌ）を、複数の名詞には、男女にかかわらず **des**（デ）をつける。
訳し方は、単数なら「ひとつの〜」「ある〜」、複数なら「いくつかの〜」となる。「アン、ユヌ、デ！」と唱えて覚えてしまおう！

un livre ♠ 1 冊の本
アン リーヴる
des livres ♠ 数冊の本
デ リーヴる

une table ♥ ひとつのテーブル
ユヌ ターブル
des tables ♥ いくつかのテーブル
デ ターブル

un billet ♠ 1 枚の切符
アン ビエ
des billets ♠ 数枚の切符
デ ビエ

une chambre ♥ ひとつの部屋
ユヌ シャンブる
des chambres ♥ いくつかの部屋
デ シャンブる

定冠詞「その〜、この〜、〜というものは」「それらの〜」

男性単数♠	女性単数♥	男・女複数♠♥
le ル **l’**（母音の直前）	**la** ラ **l’**（母音の直前）	**les** レ

あるところに

une grenouille
ユヌ グるヌイユ

ある（1匹の）カエル

（初出なので不定冠詞）

がいました。

la grenouille
ラ グるヌイユ

そのカエル

（既出なので定冠詞）は

un ours
アヌるス

1頭のクマ

（初出・不定冠詞）

と友だちでした。

「定冠詞」とは、すでに話題にのぼった名詞(既出の名詞)が再登場するときに、単数なら「その〜、この〜」、複数なら「それらの〜」という意味でつける冠詞。英語で言うと the にあたるものだ。

le livre ♠ その本
ル リーヴる

la voiture ♥ その車
ラ ヴォワテューる

l'avion ♠ その飛行機
ラヴィオン

l'école ♥ その学校
レコル

◎母音の直前のときは le(ル) が l'になる。女性名詞でも同様。

les trains ♠ それらの電車
レ トらン

les chaises ♥ それらの椅子
レ シェーズ

また、「だれだれの〜」のように限定されている名詞や、太陽や月など世界にひとつしかないものにも、さらにはある名詞を「〜というものは一般に…」というニュアンスで総称するときに、この定冠詞をつける。「ル、ラ、レ!」と、ここでも即!覚えておこう!

le père de Jean ジャンの父
ル ペーる ド ジャン

◎ジャンの、と限定されるから定冠詞。

le soleil 太陽　**la lune** 月
ル ソレイユ　ラ リュヌ

◎世界にひとつしかないから定冠詞。

L'homme est mortel. (Les hommes sont mortels.)
ロム エ モるテル　レゾム ソン モるテル

人間は死ぬものだ。

◎上のふたつの文は同じ意味だが、les hommes(レゾム) というふうに定冠詞つき複数名詞で表すと、「すべての」人が、というニュアンスが加わる。

◎動詞 est(エ) と sont(ソン) については、être(エートる) の活用の 52 ページ参照。

部分冠詞

♠	♥
du デュ **de l'** （母音の直前）	**de la** ド ラ **de l'** （母音の直前）

♠

du lait 牛乳
デュ レ

du vin ワイン
デュ ヴァン

du courage 勇気
デュ クらージュ

♥

de la bière ビール
ド ラ ビエーる

de la viande 肉
ド ラ ヴィアンド

de la patience 忍耐心
ド ラ パスィアンス

「部分冠詞」とは、飲み物などの液体、目に見えない抽象名詞など、数えられないとされるものにつける冠詞。

店などで飲み物を注文するときには、例外的に、注文の単位として「ひとつのビール（une bière）」などというふうに、数えられる名詞として扱う。魚などは、まるのままなら un poisson「1匹の魚」だが、切り身になったものは数えられない名詞とされ、du poisson となる。

（ルビ：une bière＝ユヌ ビエーる、un poisson＝アン ポワッソン、du poisson＝デュ ポワッソン）

練習問題 1-2

カッコ内に適当な冠詞を入れなさい。
ついでにここに出てきた単語も覚えてしまいましょうぞ！

(1) ひとりの父親　(　　　　) père

(2) カトリーヌの父親　(　　　　) père de Catherine

(3) ひとつのテーブル　(　　　　) table

(4) ひとつの美術館／博物館　(　　　　) musée

◎ちなみに男性名詞です。

(5) その美術館／博物館　(　　　　) musée

(6) 勇気　(　　　　) courage

◎数えられない男性名詞！

(7) 太陽　(　　　　) soleil

◎西洋では太陽神が男性の姿なので男性名詞。平塚らいてうさんのことは、ここは一度忘れよう！

(8) 月　(　　　　) lune

◎西洋では月の神は「女神」の姿なので女性名詞。

(9) ビール　(　　　　) (　　　　) bière

◎数えられない女性名詞。

(10) ワイン　(　　　　) vin

◎数えられない男性名詞。

巻末に答えをのせてあるが、
ぜひとも紙に書いてやってみよう！
書けたものの発音もしてみよう！

発展問題 1-2

カッコ内に適当な冠詞を入れなさい。
(ひとつのカッコに一語とは限らないはず…)
ついでにここに出てきた単語も覚えてしまいましょうぞ！

（1）水　(　　　　) eau

◎数えられない女性名詞で、母音から始まるので注意！

（2）お金　(　　　　) argent

◎数えられない男性名詞だが、母音から始まるので注意！

（3）その男　(　　　　) homme

◎ h から始まるが母音扱いなので注意！

（4）ひとりの男　(　　　　) homme

（5）地球　(　　　　) terre

◎女性名詞。わたしが知る限りひとつしかない…！

（6）肉　(　　　　) viande

◎切り身なので数えられない！　女性名詞。

（7）その肉　(　　　　) viande

◎前後関係で特定された肉の話だったら、定冠詞をつけよう。

（8）その飛行機　(　　　　) avion

（9）その学校　(　　　　) école

（10）幸運　(　　　　) chance

◎これも数えられない女性名詞。英語とちがって「チャンス、機会」というより「幸運」の意味で使われることが多い語。

巻末に答えをのせてあるが、ぜひとも紙に書いてやってみよう！
書けたものの発音もしてみよう！

COLUMN

竹蔵の叫び「オレは女じゃねぇ！」

冠詞のところで「1匹のカエル」は une grenouille（ユヌ グるヌイユ）、「そのカエル」は la grenouille（ラ グるヌイユ）という具合に、女性名詞として出てきたわけだが、本書の設定では竹蔵はオスのカエルである。ではなぜ女性名詞？という疑問が浮かぶ。

動物を表すフランス語名詞は、オスとメスでちがう語が用意されているものもあるし（un coq（アン コック） 1羽の雄鶏／une poule（ユヌ プル） 1羽の雌鶏）、基本は男性名詞で、特にメスと言いたいときのための女性形があるものもある（un chien（アン シアン） 1匹のオス犬／une chienne（ユヌ シエンヌ） 1匹のメス犬）。

しかしフシギなことに、オスメス問わず基本が女性名詞で、男性形などそもそもない動物もあるのだ。カエルはまさに女性名詞しかない動物なのだ。ほかに une souris（ユヌ スり）「1匹のネズミ」、une taupe（ユヌ トープ）「1匹のモグラ」などもそうだ。わざわざオスと言いたい場合は une（ユヌ） grenouille（グるヌイユ） mâle（マル）というふうに「mâle（マル） オスの」という形容詞をつけるんだそうな…。すぐさま覚えなければならない知識というより、ちょっとマニアックな知識だが、こういうのにかぎって妙に覚えてしまったりするかも…。

Leçon 2

1　第１群規則動詞（-er 動詞）の活用（直説法現在）

2　否定形

2-1……第1群規則動詞（-er 動詞）の活用（直説法現在）

J'aime Vincent.
ジェーム　ヴァンサン

わたしはヴァンサンを愛している。

● **chanter** ● 歌う
シャンテ

je chante ジュ　シャント わたしは歌う	**nous chantons** ヌ　シャントン わたしたちは歌う
tu chantes テュ　シャント きみは歌う	**vous chantez** ヴ　シャンテ あなた（がた）は歌う
il chante イル　シャント 彼は歌う	**ils chantent** イル　シャント 彼らは歌う
elle chante エル　シャント 彼女は歌う	**elles chantent** エル　シャント 彼女らは歌う

● **aimer** ● 愛する・好む
エメ

j'aime ジェーム わたしは愛する	**nous aimons** ヌゼモン わたしたちは愛する
tu aimes テュ　エーム きみは愛する	**vous aimez** ヴゼメ あなた（がた）は愛する
il aime イレーム 彼は愛する	**ils aiment** イルゼーム 彼らは愛する
elle aime エレーム 彼女は愛する	**elles aiment** エルゼーム 彼女らは愛する

さて、メンドウクサイと有名な「動詞の活用」がいよいよ始まるので油断なく覚えながら進もう！　まずは「第１群規則動詞」と呼ばれる動詞群の活用パターンから覚えることになるが、フランス語の約90%の動詞はこのパターンの活用をするというデータがあるので喜んでほしい（無理にでも)!
つまり、この活用パターンを覚えてしまえば、たいていの動詞は制覇したということになるのだ！　もう勝ったも同然だ！と言うのは言いすぎだが、ともかくこれを覚えよう。
動詞の「原形」とでも言うような、つまり「活用させていない形」のことをフランス語の文法用語では「不定詞」と呼ぶ。各活用表のてっぺんに太字で示しておくので、それも併せておさえていっていただきたい。

◎発音上のことを確認しておくと、三人称複数のときの形、たとえば ils chantent は、発音の規則に従えば「イル　シャンタン」と読めるはずであるが、動詞の活用形としての語 -ent は発音上は -e と同じ扱いをすることとなっているので「イル　シャント」と読むことになるのである。
また、aimer など母音から始まる動詞は、je aime とはならず主語の je とは合体して j'aime となるし、字面には現れないが発音上では il や elle とも合体して il aime は「イル　エーム」ではなく「イレーム」、nous 以下の主語とも発音合体をして nous aimons が「ヌ　エモン」ではなく「ヌゼモン」などとなる。発音合体については Leçon 2-1 のコラムを参照。

とにかくまずは左のふたつの動詞の活用を、しっかり覚えることから始めよう。語学の基本はやはり暗記だが、口や手を動かさないとなかなか覚えられないので、本を眺めるだけではなくて、唱えて書いて唱えて書いて、覚えていただきたいものである！
この活用は「直説法」で時制は「現在」なわけだが、「～法」についてはもっとあとでいろいろ出てきたときにあらためて詳しく説明することにする。しばらくは「直説法」しか登場しないが、これは「特別なニュアンスをはさまずフツーに話すときの話し（書き）方」とでも考えておいてもらえばいいだろう。
時制はまず「現在」の形からやっていこう。フランス語には「現在進行形」は特にないので、je chante（ジュ シャント）を「わたしは歌う」と訳すか「わたしは歌っている」と訳すかは、文脈しだいとなる。

第１群規則動詞の例文

① **J'aime le football♠.**
ジェーム ル フットボール

② **Ils chantent une chanson♥.**
イル シャント ユヌ シャンソン

③ **Elle mange de la viande♥.**
エル マンジュ ド ラ ヴィアンド

④ **Vous travaillez bien !**
ヴ トらヴァイエ ビヤン

⑤ **Nous habitons à Paris.**
ヌ ザビトン ア パり

⑥ **Barthez donne un livre♠ à Takézô.**
バるテズ ドンヌ アン リーヴる ア タケゾー

① わたしはサッカーが好きだ。

② 彼らはひとつの歌を歌う（歌っている）。

◎男性・女性混合グループは ils（イル）で表す。elles（エル）は女性だけのグループ。

③ 彼女は肉を食べる（食べている）。

④ あなた（がた）はよくはたらきますね（勉強しますね）！

◎ bien（ビアン）：副詞「よく」

ていねいに「あなた」と言うときは相手がひとりでも vous（ヴ）を使う。

⑤ わたしたちはパリに住んでいる。

⑥ バルテズは 1 冊の本を竹蔵にあげる。

◎ à（ア）：前置詞「～に」

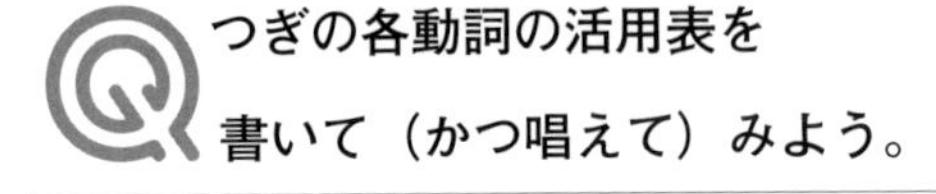

練習問題 2-1

Q つぎの各動詞の活用表を書いて（かつ唱えて）みよう。

（1）habiter 住む
アビテ

（2）donner 与える・あげる
ドネ

（3）parler 話す
パるレ

（4）manger 食べる
マンジェ

（5）marcher 歩く
マるシェ

発展問題 2-1

作文してみよう。
そして書いた文章を発音してみよう。

（1）バルテズはパリに住んでいる。

◎パリに：à Paris（ア　パリ）

（2）カトリーヌはエレーヌにいくつかの本♠をあげる。

（3）わたしたちは肉♥を食べる。

（4）わたしは東京に到着する。

◎到着する：arriver（アりヴェ）

（5）彼女は大阪で働いている。

◎働く：travailler（トらヴァイエ）

（6）わたしたちは東京に住んでいる。

（7）あなた（がた）はよく食べますね！

（8）竹蔵はバルテズにその本をあげる。

（9）彼らはパンを食べる。

（10）わたしは音楽が好きだ（音楽を愛している）。

◎音楽♥：la musique（ラ ミュズィーク）

COLUMN

発音合体３種類

フランス語では、母音で始まる語と前の語がくっついて発音の合体を起こすことがある。

リエゾン：発音合体が起こることによって、語末の t や s など本来は表に出てこなかったはずの音が出てくることをリエゾンと言う。

des + avions ♠ → des avions　いくつかの飛行機
(デ アヴィオン → デザヴィオン)

ces + idées ♥ → ces idées　これらの考え
(セ イデ → セズィデ)

nous + aimons → nous aimons　わたしたちは愛する
(ヌ エモン → ヌゼモン)

アンシェヌマン：単にくっつけて発音するもの。

mon + oncle ♠ → mon oncle　わたしの叔父
(モン オンクル → モノンクル)

cette + idée ♥ → cette idée　この考え
(セット イデ → セッティデ)

il + aime → il aime　彼は愛する
(イル エーム → イレーム)

だが、なんでもくっつけて発音していいわけではない。特に英語の and にあたる et(エ) は、前の語ともうしろの語とも発音合体させてはならないことになっているので、注意しよう！

エリジオン：le、la、ne、je…などのうしろに母音から始まる語がくると、e（la の場合は a）が消えて代わりに「'(アポストロフ)」が入る。この現象をエリジオンと言う。

de l'eau ♥　水
(ド ロー)
◎数えられないので部分冠詞がついている。

j'aime　わたしは愛する（好む）
(ジェーム)

elle n'aime pas　彼女は愛さない（好まない）
(エル ネーム パ)

2-2……否定形

Je n'aime pas Barthez.
ジュ　ネーム　パ　バるテズ

わたしはバルテズを好きでない。

〈主語 ne + 動詞 + pas〉
　　　ヌ　　　　　　パ

● **chanter** ● 歌う
シャンテ

je ne chante pas ジュ　ヌ　シャント　パ わたしは歌わない	**nous ne chantons pas** ヌ　ヌ　シャントン　パ わたしたちは歌わない
tu ne chantes pas テュ　ヌ　シャント　パ きみは歌わない	**vous ne chantez pas** ヴ　ヌ　シャンテ　パ あなた（がた）は歌わない
il ne chante pas イル　ヌ　シャント　パ 彼は歌わない	**ils ne chantent pas** イル　ヌ　シャント　パ 彼らは歌わない
elle ne chante pas エル　ヌ　シャント　パ 彼女は歌わない	**elles ne chantent pas** エル　ヌ　シャント　パ 彼女らは歌わない

● **aimer** ● 愛する・好む
エメ

je n'aime pas ジュ　ネーム　パ わたしは愛さない	**nous n'aimons pas** ヌ　ネモン　パ わたしたちは愛さない
tu n'aimes pas テュ　ネーム　パ きみは愛さない	**vous n'aimez pas** ヴ　ネメ　パ あなた（がた）は愛さない
il n'aime pas イル　ネーム　パ 彼は愛さない	**ils n'aiment pas** イル　ネーム　パ 彼らは愛さない
elle n'aime pas エル　ネーム　パ 彼女は愛さない	**elles n'aiment pas** エル　ネーム　パ 彼女らは愛さない

否定形のつくり方はカンタン。

とにかく動詞部分を **ne**(ヌ) と **pas**(パ) ではさむ！　注意すべきは、ne(ヌ) だけでは不十分で、ちゃんと相方の pas(パ) も忘れずにつけてやらないと否定文として完成しないということだ。

否定形の例文

①**Elle ne téléphone pas à Barthez.**
エル ヌ テレフォンヌ パ ア バるテズ

②**Nous ne montrons pas les photos♥.**
ヌ ヌ モントろン パ レ フォト

③**Ils n'écoutent pas la radio♥.**
イル ネクット パ ラ らディオ

④**Vous ne regardez pas la télévision♥.**
ヴ ヌ るギャるデ パ ラ テレヴィズィオン

⑤**Le père de Jean ne prête pas la voiture♥ à Vincent.**
ル ペーる ド ジャン ヌ プれっト パ ラ ヴォワテューる ア ヴァンサン

① 彼女はバルテズに電話しない。

② わたしたちはそれらの写真を見せない。

③ 彼らはラジオを聞かない。

④ あなた（がた）はテレビを見ない。

⑤ ジャンの父はその車をヴァンサンに貸さない。

練習問題 2-2

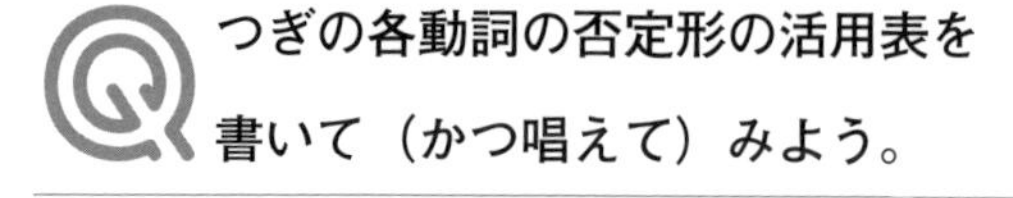

つぎの各動詞の否定形の活用表を書いて（かつ唱えて）みよう。

（1）habiter　住む
アビテ

（2）téléphoner　電話する
テレフォネ

（3）parler　話す
パるレ

（4）manger　食べる
マンジェ

（5）écouter　聴く
エクテ

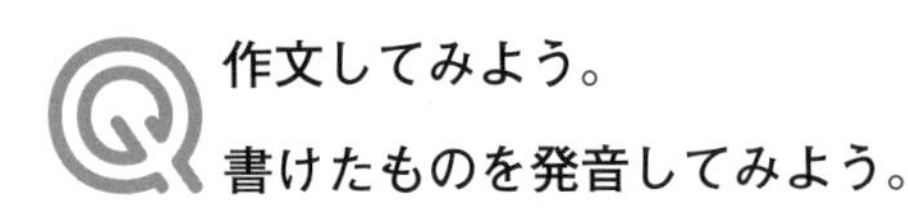

発展問題 2-2

作文してみよう。
書けたものを発音してみよう。

（1）わたしはパリに到着しない。

（2）カトリーヌはテニスが好きでない。

◎テニス♠：le tennis（ル テニス）　英語由来。外来語はたいてい男性名詞。

（3）彼女は日本語を話さない。

◎日本語を話す：parler japonais（パルレ ジャポネ）

「○○語を話す」というときは成句表現として「○○語」にいつもはつける定冠詞 le をつけない。

（4）わたしはテレビを見ない。

（5）バルテズは働いていない。

（6）カトリーヌはヴァンサンの電話番号をエレーヌにあげない。

◎電話番号♠：le numéro de téléphone（ル ニュメロ ド テレフォンヌ）

（7）あなたはパリに住んでいない。

（8）彼らは音楽が好きでない（音楽を愛していない）。

（9）ヴァンサンはエレーヌに電話しない。

（10）カトリーヌとエレーヌは踊らない。

◎踊る：danser（ダンセ）　◎と：et（エ）

COLUMN

否定の冠詞 de

今しがた否定文のつくり方を見てきて、納得してもらえたと思うが、余力のある人にいちおう言っておきたいことがある。さっきのせた否定文の例文では、「～を」にあたる語（目的語）にはわざと、定冠詞 le、la、les のついた語しか置かなかった。les photos「それらの写真」として、すでに話題にのぼった写真であるようにした文や、la musique や la télévision のように、ふつうに「音楽」「テレビ」と言うときには定冠詞つきで言うことになっているものしか使わなかったのだ。

なぜかというと、「～を」にあたる語で、肯定文の中なら不定冠詞 un、une、des「ある、いくつかの」か、数えられないものにつける部分冠詞 du、de la がつくべきである語の場合、否定文の中になるとそれらの語には不定冠詞・部分冠詞の代わりに「否定の冠詞 de」というものをつけなくてはならないというヘンな規則があるからで、これを本編の中で説明しようとすると大変なことになる…というわけで、考えたあげく、コラムで軽く触れるにとどめることにしたのである！

たとえば、

Je chante une chanson.　わたしはひとつの歌を歌う。

という文。これを否定文にしろと言われたら、une を de に変えて、

Je ne chante pas de chanson.　わたしは歌を歌わない。

としなければならないのである。

Ils mangent de la viande.　彼らは肉を食べる。

を否定文にするのなら

Ils ne mangent pas de viande.　彼らは肉を食べない。　になる。

もうおわかりと思うが、定冠詞 le、la、les は、否定文中であっても le、la、les のままであり、この規則とは関係ない。また、文の動詞が Leçon 4-1 で出てくる être（英語の be 動詞にあたるもの）であれば、やはりこの規則は適用されないのである。

Leçon 3

1 指示形容詞

2 所有形容詞

3 数

3-1……指示形容詞「この～、その～」

男性単数♠	女性単数♥	男・女複数♠♥
ce この ス ◎母音の前では cet セット	**cette** この セット	**ces** これらの セ

ce garçon ♠ この少年
ス ギャるソン

ces garçons ♠ これらの少年たち
セ ギャるソン

cette maison ♥ この家
セット メゾン

ces maisons ♥ これらの家
セ メゾン

cet hôtel ♠ このホテル
セットテル

ces hôtels ♠ これらのホテル
セゾテル

cette idée ♥ この考え
セッティデ

ces idées ♥ これらの考え
セズィデ

① **Barthez montre une photo** ♥ **à Takézô.**
バるテズ モントる ユヌ フォト ア タケゾー

② **Il regarde** ┌ **la photo.**
イル るギャるド │ ラ フォト
└ **cette photo.**
セット フォト

初めての動詞活用をやってちょっと息切れしたところで、ちょっと動詞を離れてひと息つくことにしよう。

まずは英語の this、these にあたる「指示形容詞」だ。とにかく「ス、セット、セ！」と唱えて「この、これらの」なんだ、と覚えよう。

「指示形容詞」という名前だが、はたらきとしては意外と「その〜、この〜」というはたらきをするときの定冠詞 le（ル）、la（ラ）、les（レ）に似ている。

① バルテズは 1 枚の写真を竹蔵に見せる（見せている）。

② 彼はその（この）写真を見る。

この場合 la photo（ラ フォト）と cette photo（セット フォト）という表現、どちらも前の文章の une photo（ユヌ フォト）を指しているという点ではたらきは同じなわけだ。いずれにせよ、こういうときに la（ラ）にしろ cette（セット）にしろ、訳し落としをしないように、テキトーに訳さずに流してしまうことなく、しっかり「その」「この」と訳出することが大切だ。

3-2……所有形容詞「わたしの～、きみの～」

所有する人	所有されるもの		
	男性単数♠	女性単数♥	男・女複数♠♥
単数一人称 わたしの	**mon** モン	**ma (mon)** マ　モン	**mes** メ
単数二人称 きみの	**ton** トン	**ta (ton)** タ　トン	**tes** テ
単数三人称 彼・彼女の	**son** ソン	**sa (son)** サ　ソン	**ses** セ
複数一人称 わたしたちの	**notre** ノートる		**nos** ノ
複数二人称 あなた(たち)の	**votre** ヴォートる		**vos** ヴォ
複数三人称 彼ら・彼女らの	**leur** ルーる		**leurs** ルーる

◎女性単数のカッコ内は、母音の前での形。

mon oncle ♠　わたしのおじ
モノンクル

ta tante ♥　きみのおば
タ　タント

son école ♥　彼（彼女）の学校
ソネコル

votre nom ♠　あなたのお名前
ヴォートる　ノン

mes parents ♥　わたしの両親
メ　パらン

leurs jambes ♥　彼（女）らの脚
ルーる　ジャンブ

leur maison ♥　彼（女）らの（一緒に住んでいる）家
ルーる　メゾン

leurs maisons ♥　彼（女）らの（それぞれの）家
ルーる　メゾン

今度は英語のmy、yourなどにあたる「だれだれの〜」という語句。英語とちがって男性名詞につける場合と女性名詞につける場合、それに単数につけるか複数につけるかで形が変わるので、ちょっと種類が多いが、まあガマンしてほしい。

◎ leur ルーるのルーは「ルー」と「ラー」の間くらいの音。

三人称のとき、英語だとhis house、her houseというふうに、「所有する人」の性別でhisかherを選んだわけだが、フランス語の場合、「所有されるもの」の性別でson(ソン)かsa(サ)か決まるのでまちがえないようにしよう。

son livre ♠ 彼（彼女）の本
ソン リーヴる

◎ livre(リーヴる) が男性名詞なので、持ち主が男でも女でもson(ソン)。

sa maison ♥ 彼（彼女）の家
サ メゾン

◎ maison(メゾン) が女性名詞なので、持ち主が男でも女でもsa(サ)。

mon oncle

3-3……数「1から20まで」

1 un, une アン　ユヌ	2 deux ドゥ	3 trois トろワ	4 quatre キャトる
5 cinq サンク	6 six スィス	7 sept セット	8 huit ユイット
9 neuf ヌフ	10 dix ディス	11 onze オンズ	12 douze ドゥーズ
13 treize トれーズ	14 quatorze キャトるズ	15 quinze キャンズ	16 seize セーズ
17 dix-sept ディセット	18 dix-huit ディズユイット	19 dix-neuf ディズヌフ	20 vingt ヴァン

une femme　ひとりの女
ユヌ　ファム

un homme　ひとりの男
アノム

cinq crayons　5本の鉛筆
サン　クれヨン

six livres　6冊の本
スィ　リーヴる

dix kilos　10キログラム
ディ　キロ

dans huit jours
ダン　ユィ　ジューる
8日のうちに、8日後に（1週間後に、の意味で使う）

◎ dans：前置詞。英語の in にあたる。

deux arbres　2本の木
ドゥーザるブる

trois hommes　3人の男
トろワゾム

six ans　6年（6歳）
スィザン

dix heures　10時間
ディズーる

なぜか1にだけ男性形と女性形がある。これは不定冠詞「アン、ユヌ、デ！」の「アン、ユヌ」と同じものと考えてもいい（厳密に分類すると、「不定冠詞」と「数詞」というちがうものだそうだが）。

2の deux の発音は便宜上「ドゥ」と表記したが、口じゅうの力を抜いて発音する前置詞 de ドを長めにしたかんじ、というのが正直な感想である。d という子音になにも母音をつけずに投げ出すかんじと言おうか…。これは「ドゥ」と書いてあるからといって、一生懸命口を丸めて言ってもらっても本来の音から離れるいっぽうなので注意。

cinq、six、huit、dix は単品ならそれぞれサンク、スィス、ユィット、ディスと読むが、うしろに子音で始まる語がくっつくとサン、スィ、ユィ、ディになる。

母音から始まる語がくっついて、発音合体が起こる数詞もある。

◎発音合体については 32 ページ Leçon 2-1 のコラム参照。

練習問題 3

日本語に相当するように
カッコ内に適当な語を入れてみて…。

（1）彼女の母　（　　　　　　　　）mère ♥

（2）彼の母　（　　　　　　　　）mère ♥

◎英語の his, her とちがって「持ち主の性別」ではなく、「所有されているものの性別」で son か sa が決まる。

（3）彼の父　（　　　　　　　　）père ♠

（4）彼女の父　（　　　　　　　　）père ♠

（5）彼女の考え　（　　　　　　　　）idée ♥

◎ idée は女性名詞だが母音で始まることに注意！

（6）彼の考え　（　　　　　　　　）idée ♥

（7）わたしはこの車を竹蔵に貸す。

Je prête（　　　　　　）voiture ♥ à Takézô.

（8）彼はこのチョコレートを毎日食べている。

Il mange（　　　　　　）chocolat ♠ tous les jours.

◎ tous les jours（トゥ レ ジューる）：成句「毎日」

（9）カトリーヌは３枚の写真をリュシーに見せる。

Catherine montre（　　　　　　）photos ♥ à Lucie.

（10）彼女はこれらの写真をエレーヌにあげない。

Elle ne donne pas（　　　　　　）photos ♥ à Hélène.

発展問題 3

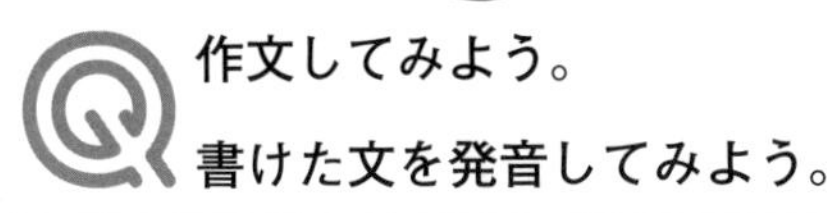

作文してみよう。

書けた文を発音してみよう。

（1）わたしはわたしの両親に電話する。

（2）彼は 1 週間後に東京に到着する。

（3）彼のおばは毎日 1 つのりんごを食べる。

◎りんご♥：pomme（ポンム）

（4）わたしたちは毎日彼らの歌（複数）を聴いている。

（5）わたしの母は福岡で働いている。

（6）これらの少年たちは毎日歌っている。

（7）わたしはこれらのりんごをわたしのおばにあげる。

（8）あなたのおじさんは東京に住んでいないんですね。

（9）3 人の男が踊っている。

（10）竹蔵はリュシーに 6 本の鉛筆を貸す。

COLUMN

有音のｈ、無音のｈ

前に書いたとおり、フランス語のｈはいついかなるときでも発音されることはなく、つまりhaと書いてあれば絶対に「ハ」にはならず、あくまで「ア」である。

しかし！いついかなるときにも発音されないのにもかかわらず、フランス語のｈには２種類あって、それぞれ「有音のｈ」「無音のｈ」と呼ばれる。くどいようだが、「有音のｈ」であっても、haを「ハ」とは読まない。では「有音」と「無音」の間でなにがちがうのかというと…。

Leçon 2-1のコラムで「リエゾン、アンシェヌマン、エリジオン」と呼ばれる３種類の「発音合体」のことを書いたが、要するにｈのうちで「有音のｈ」とされるものについては、発音合体が起きず、「無音のｈ」については、母音と同じ扱いがなされる、ということだ。

たとえばLeçon 3-1にもさっきcet hôtel（セットテル）「このホテル」、ces hôtels（セゾテル）「これらのホテル」という例が出てきたが、hôtelという語のｈは「無音のｈ」なので母音と同じ扱いをされ、したがってceがcetに変わるし、ces hôtelsも「セゾテル」というリエゾンの生じる読み方をするし、un hôtel「ひとつのホテル」ならアンシェヌマンが起こって「アノテル」と読み、定冠詞leをつけて「そのホテル」と言いたければ、エリジオンが起こってl'hôtel「ロテル」になるのである。

ところが、たとえばhéros「英雄、主人公」という語のｈは、「有音のｈ」とされるので、「発音合体」は禁止なのだ。un héros「ひとりの英雄」は「アネロ」と読んではダメで、あくまで「アン　エロ」、「この英雄」と言いたいときもceがcetになる変化も起こらずce héros「ス　エロ」のままで、ces héros「これらの英雄たち」も「セゼロ」にはならずあくまで「セ　エロ」と読まなければならない。定冠詞leをつけて「その英雄」と言いたくても、l'hérosはまちがいで、あくまでle héros「ル　エロ」でないとダメなのだ。

じゃあ「有音」「無音」の区別はどうつけるのかだが、これはわれわれが自分で考えてもムダで、あらかじめ決まっているものである。辞書を見ればわかる。「有音のｈ」なら、見出し語のところに小さな十字架みたいなマークがついているので、今後ｈの発音合体で迷ったら、必ず辞書で確かめるようにしよう（でもたいていのものは「無音のｈ」なので、あんまり神経質にならなくてもだいじょうぶ…！）。

Leçon 4

1 être と avoir の活用（直説法現在）

2 il y a と c'est... の表現

3 形容詞

4 疑問文

4-1……être と avoir の活用（直説法現在）

(1) être
エートる

Vincent est beau.
ヴァンサン　エ　ボー
ヴァンサンは美しい。

je suis ジュ　スユイ	**nous sommes** ヌッ　ソム
tu es テュ　エ	**vous êtes** ヴゼット
il est イ　レ	**ils sont** イル　ソン
elle est エ　レ	**elles sont** エル　ソン

être（エートる）は英語の be 動詞と同じはたらきをする動詞。たいてい名詞や形容詞をみちびくはたらきをする。「いる」の意味にもなる。

この être（エートる）は、フランス語における「基本のき！」「イロハのイ！」だ！

のちに助動詞としても使うので、今すぐ覚えよう！!

とにかく、唱えて書いて、唱えて書いて、丸暗記してしまわないことには、

単位もあぶないゾー！

êtreの例文

① **Je suis étudiant.**
ジュ スュイ エテュディアン

② **Je suis étudiante.**
ジュ スュイ エテュディアント

③ **Il est japonais.**
イレ ジャポネ

④ **Elle est française.**
エレ フらンセーズ

⑤ **Je suis une grenouille.**
ジュ スュイ ユヌ グるヌイユ

⑥ **Barthez est un génie.**
バるテズ エ アン ジェニー

⑦ **Cette maison est belle.**
セット メゾン ベル

⑧ **Ils sont sympathiques.**
イル ソン サンパティック

⑨ **Nous sommes à Paris.**
ヌッ ソム ア パり

⑩ **Je pense, donc je suis.**
ジュ パンス ドンク ジュ スュイ

① わたしは学生です。(男性として言う場合)

② わたしは学生です。(女性として言う場合)

◎ être(エートる) のあとに「学生」のような身分や職業、あるいは国籍などといった「属詞」をくっつけるときは、冠詞がいらない。わざわざ Je(ジュ) suis(スュイ) **un**(アン) étudiant(エテュディアン).「わたしはひとりの学生です」とはしなくていいことになっている。

③ 彼は日本人だ。

④ 彼女はフランス人だ。

⑤ おれは 1 匹のカエルだ。

⑥ バルテズは天才だ。

être(エートる) には形容詞をみちびくはたらきもある。

◎形容詞について詳しくは Leçon 3 参照。

⑦ この家は美しい。

⑧ 彼らはかんじがいい。

⑨ わたしたちはパリにいる。

◎「いる」の意味で使うとこんなかんじ。

⑩ わたしは考える、ゆえにわたしは存在する。

◎デカルトのいわゆる「我思う、故に我在り」の原文。なんかフランス語での表現のほうが、日本語の文語訳よりわかりやすい気が…。

(2) avoir
アヴォワーる

Elle a deux sœurs.
エラ ドゥ スーる
彼女は２人の姉妹を持っている。

j'ai ジェ	**nous avons** ヌザヴォン
tu as テュ ア	**vous avez** ヴザヴェ
il a イラ	**ils ont** イルゾン
elle a エラ	**elles ont** エルゾン

① **J'ai un frère.**
ジェ アン フれーる

② **Tu as une voiture ?**
テュ ア ユヌ ヴォワテューる

③ **Il a trois ans.**
イラ トろワザン

④ **J'ai faim.**
ジェ ファン

⑤ **Vous avez soif ?**
ヴザヴェ ソワフ

avoir（アヴォワーる）は英語の have 動詞にあたる。「持っている」の意味。

avoir（アヴォワーる）はこれまた、さっきの être（エートる）と並んでフランス語における「基本のき！」「イロハのイ！」だ！　これものちに助動詞としても使うので、今すぐ覚えてほしい！

① わたしにはひとりの兄弟がいる。

◎英語と同様、frère（フれーる）だけでは兄か弟かは不明。

② きみ、車を 1 台持ってる？

③ 彼は 3 歳だ。

◎年齢は「～年を持っている」という言い方。

④ わたしはおなかがすいている。

⑤ あなた（がた）はのどが渇いていますか？

◎avoir（アヴォワーる） faim（ファン）：「飢えを持つ」＝空腹である
avoir（アヴォワーる） soif（ソワフ）：「渇きを持つ」＝のどが渇いている　という成句。

4-2……il y a と c'est... の表現「これは～だ」と「～がある」

(1) il y a
イリヤ

Il y a une maison.
イリヤ　ユヌ　メゾン
1軒の家がある。

①**Il y a un chat devant la maison.**
イリヤ　アン　シャ　ドヴァン　ラ　メゾン

②**Il y a des livres sur la table.**
イリヤ　デ　リーヴる　スュる　ラ　ターブル

③**Il y a un ours sur la table.**
イリヤ　アヌるス　スュる　ラ　ターブル

〈il y a（イリヤ） +冠詞つきの名詞〉で「〜がある」と言い表せる。

このil（イル）は「非人称のil（イル）」と言って、「彼」ではなく、訳出する必要のないものだ。

◎非人称のil（イル）について、詳しくは146ページ参照。ここではひとまず、「彼」の意味はなく、訳出もしないilだと、とりあえず覚えておこう。

そしてこのa（ア）はさっきやった動詞 avoir（アヴォワーる）のa（ア）であるが、まあ深く考えるよりil y a（イリヤ）〜=「〜がある」と、かたまりで覚えてしまおう。

① その家の前に1匹のネコがいる。

◎devant（ドヴァン）：前置詞「〜の前に」。場所についての表現。

② そのテーブルの上に数冊の本がある。

◎sur（スュる）：前置詞「〜の上に」。文脈によって「〜について」の意味にもなる。

Il y a des livres sur la musique.（イリヤ デ リーヴる スュる ラ ミュズィーク）　音楽についての数冊の本がある。

③ そのテーブルの上に1頭のクマがいる。

(2) c'est
セ

C'est la maison de Vincent.
セ　ラ　メゾン　ド　ヴァンサン

これは（それは）ヴァンサンの家だ。

① **C'est un dictionnaire.**
セタン　ディクスィオネーる

② **C'est une table.**
セテュヌ　ターブル

③ **Ce sont des sacs.**
ス　ソン　デ　サック

④ **C'est magnifique !**
セ　マニフィック

⑤ **C'est affreux.**
セタフるー

C'est affreux.

c'est（セ）は英語の it's のような表現で、うしろに冠詞つきの名詞をくっつけるだけで「これは〜だ」と言い表せる。

① これは（ひとつの）辞書だ。

② これは（ひとつの）テーブルだ。

c'est（セ）の複数バージョンが ce sont（ス ソン）。

③ これらは（いくつかの）カバンだ。

気づいたと思うが、c'est（セ）の est（エ）の部分、ce sont（ス ソン）の sont（ソン）の部分は、さっきやったばかりの動詞 être（エートる）である！

〈c'est（セ）＋形容詞〉で、なにか見たり聞いたりしたときの感想を述べたりもできるぞ。これは会話のときに便利な言い方だ。

④（これは、それは）すばらしい！

⑤（これは、それは）恐ろしい（ひどい）。

4-3……形容詞 これまた性・数の一致が必要…

男性形から女性形をつくろう

- ♠ → -e

grand ♠ 大きい、背が高い ⇨ **grande** ♥
グラン グランド

petit ♠ 小さい ⇨ **petite** ♥
プティ プティット

fort ♠ 強い ⇨ **forte** ♥
フォーる フォるト

-e ♠ → -e

rouge ♠ 赤い ⇨ **rouge** ♥
るージュ るージュ

sympathique ♠ かんじのよい ⇨ **sympathique** ♥
サンパティック サンパティック

子音1 ♠ → 子音2-e

bon ♠ よい ⇨ **bonne** ♥
ボン ボンヌ

bas ♠ 低い ⇨ **basse** ♥
バ バッス

-el ♠ → -elle

naturel ♠ 自然な、自然の ⇨ **naturelle** ♥
ナチュれル ナチュれル

-en ♠ → -enne

parisien ♠ パリの ⇨ **parisienne** ♥
パりズィアン パりズィエンヌ

-er ♠ → -ère

étranger ♠ 外国の ⇨ **étrangère** ♥
エトらンジェ エトらンジェーる

léger ♠ 軽い ⇨ **légère** ♥
レジェ レジェーる

-eux ♠ → -euse

heureux ♠ 幸せな ⇨ **heureuse** ♥
ウーるー ウーるーズ

sérieux ♠ まじめな ⇨ **sérieuse** ♥
セりユー セりユーズ

-f ♠ → -ve

actif ♠ 活動的な ⇨ **active** ♥
アクティフ アクティヴ

sportif ♠ スポーツ好きな、スポーツの ⇨ **sportive** ♥
スポるティフ スポるティヴ

特殊なケースも…

blanc ♠ 白い ⇨ **blanche** ♥
ブラン ブランシュ

gentil ♠ 親切な ⇨ **gentille** ♥
ジャンティ ジャンティーユ

frais ♠ 新鮮な ⇨ **fraîche** ♥
フれ フれッシュ

long ♠ 長い ⇨ **longue** ♥
ロン ロング

などなど。

形容詞はこれまでの例文にもチラチラと出てきてはいたが、ここでまとめてポイントをおさえておこう。まず英語とちがってなによりもいやがられるのは、形容詞も、修飾する名詞にあわせて女性形にしたり複数形にしたりしなければならないということだろう！

たいていの場合、**e**（ウ）をつければ女性形ができあがる。

e（ウ）をつけたことで発音が変わる場合が多いので注意しよう。

もともと語尾にe（ウ）がついている形容詞に関しては、男女同形。

男性形の語尾の子音を２つに増やしてe（ウ）をつけるものもある。

そのほかにも規則性をもつものがいくつかある。

あとは特殊なものが出てくるたびに覚えていただきたい…。

形容詞の複数形をつくろう

Il est grand ♠ . 彼は背が高い。(**男性単数**)
イレ グラン

⇨ **Ils sont grands ♠ .** 彼らは背が高い。(**男性複数**)
イル ソン グラン

Elle est grande ♥ . 彼女は背が高い。(**女性単数**)
エレ グランド

⇨ **Elles sont grandes ♥ .** 彼女らは背が高い。(**女性複数**)
エル ソン グランド

特殊なつくり方

(1) **un film ♠ français** 1本のフランス映画
アン フィルム フランセ

⇨ **des films ♠ français** 数本のフランス映画
デ フィルム フランセ

une actrice ♥ française 1人のフランスの女性俳優
ユナクトリス フランセーズ

⇨ **des actrices ♥ françaises** 数人のフランスの女性俳優
デザクトリス フランセーズ

(2) **un musée ♠ national** ひとつの国立美術館（博物館）
アン ミュゼ ナスィオナル

⇨ **des musées ♠ nationaux**
デ ミュゼ ナスィオノー
いくつかの国立美術館（博物館）

(3) **Vincent est beau ♠ .** ヴァンサンは美しい。
ヴァンサン エ ボー

⇨ **Vincent et Mathieu sont beaux ♠ .**
ヴァンサン エ マチュー ソン ボー
ヴァンサンとマチューは美しい。

形容詞の複数形は名詞の複数形をつくるときと同じで、基本的には**s**をつければできあがり。

男性形の形容詞を複数形にする場合、特殊なつくり方をするものがいくつかある。

(1) 男性単数のときの語尾がsになっているものは男性複数形をつくるとき、なにも変えない。
しかし、この規則は女性形についてはあてはまらない。
形容詞の女性単数形をつくるときは男性単数形にeをつけ、形容詞の女性複数形をつくるときは、女性単数形にsをつける。

(2) 男性単数のときの語尾が-alになっているものは、男性複数形をつくるとき-auxにする。

(3) 男性単数のときの語尾が-eauになっているものは、男性複数形をつくるとき-eauxにする。

◎ちなみにbeau（ボー）♠「美しい」の女性形は特殊で、belle（ベル）♥となる。

4-4……疑問文

疑問文のつくり方

パターン❶

Vous êtes sportif ♠ ?
ヴゼット　スポるティフ

パターン❷

Est-ce que vous êtes sportif ♠ ?
エ ス ク　ヴゼット　スポるティフ

パターン❸

Êtes-vous sportif ♠ ?
エット　ヴ　スポるティフ

× Est-la voiture grande ♥ ?

○ **La voiture est-elle grande ♥ ?**
ラ　ヴォワテューる　エテル　グらンド

× Est-Hélène heureuse ♥ ?

○ **Hélène est-elle heureuse ♥ ?**
エレーヌ　エテル　ウーるーズ

フランス語の疑問文のつくり方は３つある。

あなたはスポーツ好きですか？（パターン❶〜❸とも）

パターン❶

ふつうの文のうしろに？をつけるだけ。口で言うときは語尾を上げる。

◎女性に訊くならもちろん sportive ♥となる。

男性をひとり以上含む複数の人に訊くなら sportifs ♠。

女性ばかりの複数の人に訊くなら sportives ♥。

パターン❷

会話でパターン１を使っていると、ふつうの文なのか疑問文なのかわからない場合というのも出てくる。「今のはコメント？　それとも質問？」というような混乱が起きることもなきにしもあらず。そんなわけで、「今から言うのは疑問文ですよ〜」という指標となる表現を文頭につけるというやり方がある。ふつうの文の頭に est-ce que（エスク）をつけるのだ。言うときはやはり語尾を上げよう。

パターン❸

主語と動詞をひっくり返して（倒置して）疑問文をつくることもできる。この場合、倒置した主語と動詞は「-」（トレ・デュニオン）でつなぐ。言うときはやはり語尾は上げる。

ただし、主語と動詞をただひっくり返すだけでいいのは、倒置する主語が代名詞（je（ジュ）、tu（テュ）、il（イル）、elle（エル）、nous（ヌ）、vous（ヴ）、ils（イル）、elles（エル））のときだけ。

la voiture（ラ ヴォワテューる） ♥その車という普通名詞や Hélène（エレーヌ） ♥エレーヌなどの固有名詞が主語のとき、かつパターン❶や❷では飽き足らずどうしても倒置で疑問文がつくりたい！という場合、ただひっくり返すだけではダメ。

La voiture est-elle grande ♥ **?**（ラ ヴォワテューる エテル グらンド）　その車は大きいですか？

代名詞でなく名詞を主語にして、かつ倒置で疑問文をつくりたければ、名詞 la voiture はそのまま文頭に置いて、ご面倒でも、la voiture をもう一度 elle という代名詞で受けなおさないと倒置することができないわけだ。もう１例出しておこう。

Hélène est-elle heureuse ♥ **?**（エレーヌ エテル ウーるーズ）　エレーヌは幸せですか？

疑問文に対する答え方

疑問文パターン❶

① **Vous êtes sportif ♠ ?**
ヴゼット　スポるティフ

疑問文パターン❷

① **Est-ce que vous êtes sportif ♠ ?**
エ　ス　ク　ヴゼット　スポるティフ

疑問文パターン❸

① **Êtes-vous sportif ♠ ?**
エット　ヴ　スポるティフ

応答パターン

② **Oui, je suis sportif ♠ .**
ウィ　ジュ　スュイ　スポるティフ

③ **Non, je ne suis pas sportif ♠ .**
ノン　ジュ　ヌ　スュイ　パ　スポるティフ

疑問文に対する答え方は、質問がパターン❶でも❷でも❸でも同じ。

■■■疑問文パターン❶〜❸

① あなたはスポーツ好きですか？

Ils sont sportifs.

■■■応答パターン

② はい、わたしはスポーツ好き♠です。

③ いいえ、わたしはスポーツ好き♠ではありません。

練習問題 4

Q1 カッコ内に適当な語（1 語とは限らない）を入れなさい。ついでに出てきた単語も全部覚えてしまおう！

（1）彼らは英国人だ。　Ils（　　　　）anglais.

（2）あなたはおなかがすいていますか？
Vous（　　　　）faim ?

（3）わたしたちは運がいい。
Nous（　　　　）de la chance.
◎ avoir de la chance（アヴォワーる ド ラ シャンス）：成句「運がある（いい）、ツイている」

（4）これがヴァンサンの母親だ。
（　　　　）la mère de Vincent.

（5）カトリーヌとヴァンサンの間にはいくつかの問題がある。
（　　　　）des problèmes entre Catherine et Vincent.
◎ entre（アントる）：前置詞。entre A et B「A と B の間に」

Q2 次の形容詞を指示どおりに変えなさい。そして覚えよう！

(1) français フランスの（女性単数形に）

(2) sportif スポーツ好きな（女性複数形に）

(3) grand 大きい、背が高い（男性複数形に）（女性単数形に）

(4) international（アンテるナスィオナル）国際的な（男性複数形に）（女性単数形に）

(5) blanc 白い（男性複数形に）（女性単数形に）（女性複数形に）

発展問題 4

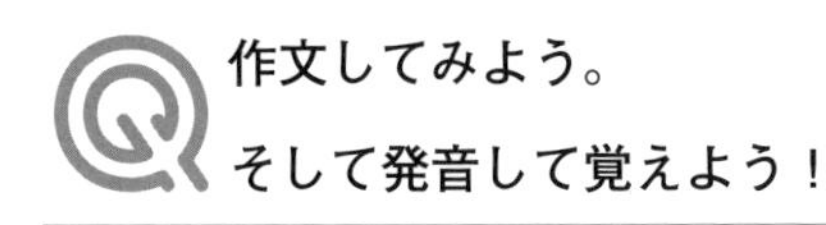

作文してみよう。
そして発音して覚えよう！

（1）わたしたち（男性を含む）は幸せだ。

（2）きみはのどが渇いている？

（3）彼女は一台の白い車を持っている。

（4）これが彼の家だ。

（5）その駅の前にひとつの銀行がある。
◎その駅♥：la gare（ラ ギャーる）　◎ひとつの銀行♥：une banque（ユヌ バンク）

（6）彼女の兄弟たちは感じがいい。

（7）テーブルの上に一冊の外国の本がある。

（8）これはひとりの活動的な少年だ。

（9）これが彼の兄だ。
◎「大きい」「兄弟」と並べると「兄」となる。

（10）彼女はひとりの弟を持っている。
◎「小さい」「兄弟」と並べると「弟」となる。

つぎに進む前に être と avoir の活用を、息継ぎナシで見ないで唱えてみなされ！
さもないとつぎのステージには行かせませんよ、フフフフ…。

COLUMN

形容詞の語順

形容詞と名詞の並べ方は、フランス語の場合は英語とちがって、名詞＋形容詞という順番がふつうだ。

un film intéressant　1本の興味深い映画
アン フィルム アンテレッサン

une maison excentrique　1軒の風変わりな家
ユヌ メゾン エクサントリック

しかし、よく使う短い形容詞でいくつか決まったものは名詞の前に置くことになっている。

bon　よい　grand　大きい　petit　小さい　joli　かわいい
ボン　グラン　プティ　ジョリ

beau　美しい　nouveau　新しい　vieux　年老いた
ボー　ヌーヴォー　ヴィユー

などがそうだ。

un bon film　1本のよい映画
アン ボン フィルム

une vieille dame　ひとりの年取ったご婦人
ユヌ ヴィエイユ ダム

また、名詞の前につくか、あとにつくかで意味の変わる形容詞もある。

grand：前についたら「偉大な」、あとについたら「大きい、背の高い」。

un grand artiste　ひとりの偉大な芸術家
アン グランタるティスト
◎ d の字はリエゾンされると t と発音

un artiste grand　ひとりの背の高い芸術家
アナるティスト グラン

pauvre：前についたら「かわいそうな」、あとについたら「貧しい」。

un pauvre garçon　ひとりのかわいそうな少年
アン ポーヴる ギャるソン

un garçon pauvre　ひとりの貧しい少年
アン ギャるソン ポーヴる

Leçon 5

1　aller と venir の活用（直説法現在）

2　前置詞 à および de の定冠詞との合体

3　近接未来

4　近接過去

5-1……aller と venir の活用（直説法現在）

（1）aller 行く
アレ

Je vais à Paris.
ジュ ヴェ ア パリ
わたしはパリに行く。

je vais ジュ ヴェ わたしは行く	**nous allons** ヌザロン わたしたちは行く
tu vas テュ ヴァ きみは行く	**vous allez** ヴザレ あなた（がた）は行く
il va イル ヴァ 彼は行く	**ils vont** イル ヴォン 彼らは行く
elle va エル ヴァ 彼女は行く	**elles vont** エル ヴォン 彼女らは行く

① **Je vais à Paris.**
ジュ ヴェ ア パリ

② **Nous allons à Versailles.**
ヌザロン ア ヴェるサイユ

③ **Tu vas à Tokyo ?**
テュ ヴァ ア トーキョー

◎もちろん、Est-ce que tu vas à Tokyo ?でも可。
エ ス ク テュ ヴァ ア トーキョー

④ **Catherine va à la maison de Vincent.**
カトりーヌ ヴァ ア ラ メゾン ド ヴァンサン

aller（アレ）とは、「行く」の意味の動詞。しょっちゅう使う動詞なのでまずは「一番フツウの書き（話し）方」である「直説法」の現在の活用をしっかり覚えよう。と言っても覚えにくいのだ、これが。不定詞は a から始まっているくせに、活用表の中身では v から始まっていたりして謎だらけで腹立たしいこの動詞。しかもこのあとすぐにやる venir（ヴニーる）とまぎらわしいのだ！　とは言いつつも、この 2 つも覚えないことには始まらないので、唱えて書いて、唱えて書いて、なんとしてでも覚えてほしい！

「行く」となると、そのうしろに「どこどこに」と続けることが多いが、その場合、前置詞 à を使って〈à どこどこ〉とすればいいのだ。

① わたしはパリに行く。

② わたしたちはヴェルサイユに行く。

③ きみ、東京に行くのかい？

この à（ア）は、être（エートる）のところ 54 ページの Nous sommes à Paris.（ヌッ ソム ア パり）「**わたしたちはパリにいる**」の中に出てきた à（ア）とも同じだし、第 1 群規則動詞（-er 動詞）の 36 ページでやった Elle ne téléphone pas à Barthez.（エル ヌ テレフォンヌ パ ア バるテズ）「**彼女はバルテズに電話しない**」に出てくる「だれだれに」の「に」にあたる à（ア）とも同じ前置詞だ。日本語で言う「どこどこに」「どこどこで」「だれだれに」などの表現を担っている前置詞だ、とおおざっぱに言うことができるだろう。

④ カトリーヌはヴァンサンの家に行く。

(2) venir 来る
ヴニーる

Je viens de Tokyo.
ジュ ヴィヤン ド トーキョー
わたしは東京から来る（来ている）。

je viens ジュ ヴィヤン わたしは来る	**nous venons** ヌ ヴノン わたしたちは来る
tu viens テュ ヴィヤン きみは来る	**vous venez** ヴ ヴネ あなた（がた）は来る
il vient イル ヴィヤン 彼は来る	**ils viennent** イル ヴィエンヌ 彼らは来る
elle vient エル ヴィヤン 彼女は来る	**elles viennent** エル ヴィエンヌ 彼女らは来る

① **Je viens à Tokyo.**
ジュ ヴィヤン ア トーキョー

② **Elles viennent à l'école.**
エル ヴィエンヌ ア レコル

③ **Je viens de Tokyo.**
ジュ ヴィヤン ド トーキョー

④ **Vous venez de l'école ?**
ヴ ヴネ ド レコル

⑤ **Lucie parle de Versailles.**
リュシー パるル ド ヴェルサイユ

venir（ヴニーる）とは、「来る」の意味の動詞。これまたへんちくりんな活用なので腹が立つ。フランス語はなぜか、よく使う動詞にかぎって活用がヘンなのだ…。しかし覚えて突き進もうではないか！　特に複数の ils（イル）、elles（エル）のところまで覚えきれないという人をよく見かける。

さらには aller（アレ）と混同してしまっている人とか…。aller（アレ）は ils（イル）vont（ヴォン）、elles（エル）vont（ヴォン）で、venir（ヴニーる）が ils（イル）viennent（ヴィエンヌ）、elles（エル）viennent（ヴィエンヌ）！と、はっきりと区別して覚えよう。

この動詞も前置詞 à を使うことによって「どこどこに」来る、と言い表すことができる。あるいは日本語では「〜にやって来た」と過去形で言い表しそうな「来て、今その場所にいる」という状態もフランス語ではこの venir の現在形で言い表すので、それを「来ている」という訳語で表しておく。訳が「来る」なのか「来ている」になるのかは、文脈しだいだ。

① わたしは東京に来る（来ている）。

② 彼女たちはその学校に来る（来ている）。

さらに！前置詞 de を使うと「**どこどこから**」来る、と表現できる。

③ わたしは東京から来る（来ている）。

④ あなた（がた）はその学校から来る（来ている）のですか？

前置詞 de（ド）は、Leçon 1-3 の定冠詞のところに出てきた le（ル）père（ペーる）de（ド）Jean（ジャン）「**ジャンの父**」で使っている de（ド）と同じで、このときは「**〜の**」つまり英語の of にあたる意味で登場したわけだが、今回は「**〜から**」、つまり英語で言えば from の意味で登場している。

フランス語の前置詞 de（ド）には、辞書を見るとあまりにもたくさん意味があって絶望しかかるが、とりあえずのところは英語の of、from、それに about「〜について」の意味がある、と 3 つおさえておけばじゅうぶんだろう！

◎前置詞 de を、英語の about の意味で使っている 1 例をあげておこう。
parler（パるレ）「話す」という第 1 群規則動詞（-er 動詞）を parler（パるレ）de（ド）とすると「〜について話す」。

⑤ リュシーはヴェルサイユについて話す（話している）。

5-2……前置詞 à および de の定冠詞との合体 à + le で au になる

Vincent va au bureau de Lucie.
ヴァンサン ヴァ オ ビュろー ド リュスィー
ヴァンサンはリュシーのオフィスに行く。

à + le♠ (ア ル)	⇨	**au** (オ)	de + le♠ (ド ル)	⇨	**du** (デュ)
à + les♠♥ (ア レ)	⇨	**aux** (オ)	de + les♠♥ (ド レ)	⇨	**des** (デ)

gâteau au chocolat

café au lait

前置詞 à や de が出てきたところで、もうひとつ規則を覚えていただきたい。

これまでの例文では、わざとこの「à あるいは de と定冠詞の合体」が出てこないものばかりを選んでいたのだが、そうそう逃げ回ってばかりもいられないので、ここらで正面からぶつかってみようと思う。

左表をごらんのとおり、それぞれ、定冠詞の男性形、および定冠詞の複数形（男女同形）と隣り合うと、くっついて形が変わるのだ。

à も de も、定冠詞の女性形とは、隣り合っても合体が起こらない。

à ＋ la → à la、de ＋ la → de la という具合に、くっつかずバラバラの2語のままである。

◎du や de la という字づらを目にして「なんか見覚えあるなぁ…」と思うあなたは正しいのだ！　Leçon 1-3 でやった数えられないものにつける「部分冠詞」は、男性名詞につけるものが du、女性名詞につけるものが de la、母音や h の直前のものが de l' だった。
しかし！今度出てきたものはあくまで前置詞 de と定冠詞が合体したものなので、「部分冠詞」とはまったく縁もゆかりもない赤の他人なのだ…。見た目は同じなのに、まったくの別ものなのだ！　別ものなら同じ字づらにすんな！…と腹も立つだろうが、まあここは勘弁していただきたい。

◎イラストでは、皆さんにもなじみ深いお菓子と飲み物で、au が使われているものを示した。この場合の à は、すでに学んだ「～に、～へ」の意味ではなく、「～を使った、～を入れた」といった意味である。

定冠詞との合体がある例文

aller

① **Je vais au café ♠.**
ジュ　ヴェ　オ　キャフェ

② **Ils vont au jardin ♠.**
イル　ヴォン　オ　ジャるダン

③ **Vincent va au bureau ♠ de Lucie.**
ヴァンサン　ヴァ　オ　ビュろー　ド　リュシー

venir

④ **Je viens au stade ♠.**
ジュ　ヴィアン　オ　スタッド

⑤ **Vincent vient directement du bureau ♠.**
ヴァンサン　ヴィアン　ディれクトマン　デュ　ビュろー

定冠詞との合体がない例文

aller

⑥ **Je vais à la gare ♥.**
ジュ　ヴェ　ア　ラ　ギャーる

⑦ **Catherine va directement à la maison ♥ de Vincent.**
キャトりーヌ　ヴァ　ディれクトマン　ア　ラ　メゾン　ド　ヴァンサン

⑧ **Tu vas à l'école ♥ ?**
テュ　ヴァ　ア　レコル

⑨ **Nous allons à l'hôtel ♠ ?**
ヌザロン　ア　ロテル

venir

⑩ **Je viens de la gare ♥.**
ジュ　ヴィアン　ド　ラ　ギャーる

⑪ **Elle vient directement de la maison ♥ de Vincent.**
エル　ヴィアン　ディれクトマン　ド　ラ　メゾン　ド　ヴァンサン

⑫ **Nous venons de l'hôtel ♠.**
ヌ　ヴノン　ド　ロテル

① わたしはそのカフェに行く。

◎ le café（ル キャフェ）♠は文脈によって「コーヒー」だったり「喫茶店（カフェ）」だったり。

② 彼らはその庭（庭園）に行く。

③ ヴァンサンはリュシーのオフィスに行く。

④ わたしはそのスタジアムに来る（来ている）。

⑤ ヴァンサンはそのオフィスから直接来る（来ている）。

◎ directement（ディれクトマン）：副詞。「直接（に）」。フランス語では、副詞の位置は基本的に動詞の直後。

それに対して、女性名詞、母音や h から始まるために、定冠詞をつけたときに le（ル）も la（ラ）も l' と変形するものに関しては合体が起こらない。

⑥ わたしはその駅に行く。

⑦ カトリーヌはヴァンサンの家に直接行く。

⑧ きみ、その学校に行くのかい？

⑨ わたしたち、そのホテルに行く（行こうか）？

⑩ わたしはその駅から来る（来ている）。

⑪ 彼女はヴァンサンの家から直接来る（来ている）。

⑫ わたしたちはそのホテルから来る（来ている）。

男性国名、女性国名

男性国名♠		女性国名♥	
le Japon ル　ジャポン	日本	la France ラ　フランス	フランス
le Canada ル　キャナダ	カナダ	la Chine ラ　シーヌ	中国
le Brésil ル　ブれズィル	ブラジル	l'Angleterre ラングルテーる	英国
le Portugal ル　ポるテュギャル	ポルトガル	l'Allemagne ラルマーニュ	ドイツ

ちなみにアメリカは、国名が複数形。

les États-Unis（d'Amérique）♠ （アメリカ）合衆国
レゼタズュニ

女性国名の場合は要注意。

× Je vais à la France.
○ **Je vais en France**♥.
ジュ　ヴェ　アン　フらンス

× Je viens de la France.
○ **Je viens de France**♥.
ジュ　ヴィアン　ド　フらンス

男性名詞の国♠へ行く：	**au** ＋国名 オ	**Je vais au Japon**♠. ジュ　ヴェ　オ　ジャポン
〜から来る：	**du** ＋国名 デュ	**Je viens du Brésil**♠. ジュ　ヴィアン　デュ　ブれズィル
女性名詞の国♥へ行く：	**en** ＋国名 アン	**Je vais en France**♥. ジュ　ヴェ　アン　フらンス
〜から来る：	**de** ＋国名 ド	**Je viens de Chine**♥. ジュ　ヴィアン　ド　シーヌ

ほかの普通名詞と同様、国の名前にも男女の別があるので、ここでおさえておこう。Tokyo、Paris などの都市名は冠詞ナシでいいのだが、国名はつねに定冠詞つきで書いたり話したりしなければならないのでやっかいだ。主なものは覚えておこう。

アメリカについては英語の the United States の直訳だ。état（エタ）という語が男性名詞なので、男性複数形の国名というわけだ。

これらの国名を、今覚えた（はず…）ばかりの aller（アレ）、venir（ヴニーる）と組み合わせてみよう。

男性国名の場合は問題ないのだが、女性国名についてがちょっとやっかいだ。

ここで注意すべきは、女性の国名にかぎって、aller（アレ）や venir（ヴニーる）と組み合わさったときに、定冠詞が消えてなくなるという摩訶不思議な事態になるということなのだ！

普通名詞なら

Je vais à la gare ♥. わたしはその駅に行く。
ジュ ヴェ ア ラ ギャーる

なのだから、

× Je vais à la France.

になるのかと思えばさにあらず。女性国名のときだけ en（アン）という別の前置詞を使い、定冠詞はなくなってしまうのだ。

Je vais en France ♥. わたしはフランスに行く。
ジュ ヴェ アン フらンス

これが正解だというからマッタク…。また腹も立ってこようがしかたない。甘んじて受け入れようじゃないか…。

venir（ヴニーる）の場合も同様で、普通名詞なら

Je viens de la gare ♥. わたしは駅から来る（来ている）。
ジュ ヴィアン ド ラ ギャーる

となるから、国名も

× Je viens de la France.

となるかと思いきや、今度は前置詞 de はそのままに、定冠詞だけが消えてなくなるのだ。

Je viens de France ♥. わたしはフランスから来る（来ている）。
ジュ ヴィアン ド フらンス

これが正解だ。

男性国名の例文

① **Je vais au Japon ♠ .**
ジュ ヴェ オ ジャポン

② **Ils vont au Canada ♠ .**
イル ヴォン オ キャナダ

③ **Je viens du Brésil ♠ .**
ジュ ヴィアン デュ ブれズィル

④ **Vous venez du Portugal ♠ ?**
ヴ ヴネ デュ ポるテュギャル

女性国名の例文

⑤ **Je vais en France ♥ .**
ジュ ヴェ アン フらンス

⑥ **Ils vont en Angleterre ♥ .**
イル ヴォン アンナングルテーる

⑦ **Elle vient de Chine ♥ .**
エル ヴィアン ド シーヌ

① わたしは日本に行く。

◎ à（ア）+ le（ル）→ au（オ）なので…

② 彼らはカナダに行く。

③ わたしはブラジルから来る（来ている）。

◎ de（ド）+ le（ル）→ du（デュ）なので…

④ あなた（がた）はポルトガルから来る（来ている）のですか？

⑤ わたしはフランスに行く。

⑥ 彼らは英国に行く。

◎この「英国」が l'Angleterre（ラングルテーる）というわけのわからない言葉というのもまた腹立つかもしれないが、「英語」が l'anglais（ラングレ）、「英国人」が Anglais（アングレ）というのはこの国名の形容詞だし（言い訳になっていないが）、まあ許してほしい。terre（テーる）というのは「地面、土地、土」の意味があるので英語で言う England の land の意味ですな…。

⑦ 彼女は中国から来る（来ている）。

5-3……近接未来「もうすぐ～する」

Takézô va manger une pomme.
タケゾー ヴァ マンジェ ユヌ ポンム
竹蔵はリンゴをひとつ食べようとしている。

〈aller + 不定詞〉
アレ

① **Je vais travailler à Tokyo.**
ジュ ヴェ トらヴァイエ ア トーキョー

② **Elles vont visiter le musée d'Orsay.**
エル ヴォン ヴィズィテ ル ミュゼ ドるセー

③ **Takézô va manger une pomme.**
タケゾー ヴァ マンジェ ユヌ ポンム

aller（アレ）は「行く」という日常頻繁にする動作を表すから、よく使うというのは当たり前なのだが、それに加えてある重要なはたらきをもっているだけに、なおさらよく使うのだ。

これで、英語の be going to... と似た「これから〜するところだ、〜するつもり（予定）だ」という、ちょっとした未来のできごとを言い表せてしまう。未来形をまだやっていないのに、である。会話でも非常に重宝する表現なので、ぜひ覚えておこう。
「不定詞」ってなんだったか忘れてしまった人！　動詞の活用させていない「原形」のような形のことだ。

① わたしは東京ではたらくつもりだ（これから東京ではたらく）。

② 彼女たちはオルセー美術館を訪れるところだ（訪れようとしている）。

③ 竹蔵はひとつのリンゴを食べるところだ（食べようとしている）。

5-4……近接過去「今〜したところだ」

Barthez vient de manger une pomme.
バるテズ ヴィアン ド マンジェ ユヌ ポンム
バルテズはリンゴをひとつ食べたところだ。

〈venir de ＋不定詞〉
ヴニーる ド

① **Je viens d'arriver à Paris.**
ジュ ヴィアン ダりヴェ ア パり

② **Vous venez de téléphoner à ma mère ?**
ヴ ヴネ ド テレフォネ ア マ メーる

③ **Barthez vient de manger une pomme.**
バるテズ ヴィアン ド マンジェ ユヌ ポンム

では、**venir**（ヴニーる）のほうではどうかというと、これも「来る」という意味で使うだけでなく、ひとひねりすることでちょっとした過去のことも言い表せるすぐれものだ。そのひとひねりとは…de（ド）が必要ということだ。

過去形の代わりになるとまでは言えないが、「今〜したところだ、〜したばかりだ」という、直前の動作なら言い表せるので便利。
aller（アレ）でつくる「近接未来」のときとちがって、今度は間に de（ド）が入るので入れ忘れないようにしよう。

① わたしは今パリについたところだ。

② あなた（がた）、わたしの母に今電話したところなんですか？

③ バルテズは今ひとつのリンゴを食べたところだ。

練習問題 5

カッコ内に適当な語（1 語とは限らない）を入れなさい。
ついでに出てきた単語も全部覚えてしまおう！

（1）わたしはパリに行く。

Je（　　　　）（　　　　）Paris.

（2）わたしたちはフランスに行く。

Nous（　　　　　　　　）（　　　　）France.

（3）彼は駅から直接来ますか？

Il（　　　　　　　）directement（　　　　）la gare ?

（4）権三郎と喜和子は日本から来ている。

Gonzaburô et Kiwako（　　　　　　　　）（　　　　）Japon.

（5）彼らは日本に行く。

Ils（　　　　）（　　　　）Japon.

（6）リュシーは彼女のオフィスから来る。

Lucie（　　　　）（　　　　　　）son bureau.

（7）わたしたちはエッフェル塔を訪れるつもりだ。

Nous（　　　　）（　　　　）la tour Eiffel.

（8）わたしはこのケーキをヴァンサンにあげるつもりだ。

Je（　　　　）（　　　　）ce gâteau à Vincent.

◎ケーキ♠：gâteau（ガトー）

（9）竹蔵はひとつのケーキを食べたところだ。

Takézô（　　　　）（　　　　）（　　　　）un gâteau.

（10）喜和子と権三郎は日本から到着したばかりだ。

Kiwako et Gonzaburô（　　　）（　　　）（　　　）Japon.

◎ arriver が母音から始まることに注意しよう！

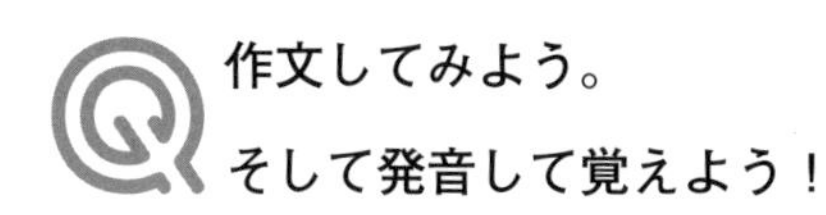

発展問題 5

作文してみよう。
そして発音して覚えよう！

（1）わたしたちは中国に行く。

（2）あなたがたは英国から来ているんですか？

（3）トニーとケイトは合衆国から来ている。

（4）エレーヌとリュシーは映画に行く。

◎映画に行く：成句的。aller au cinéma（アレ オ スィネマ）

（5）彼は今晩テレビを見るつもりだ。
◎今晩：ce soir（スソワーる）

（6）わたしの両親はフランスに住んでいる。

（7）彼の妹は日本に住んでいる。

（8）彼らはクレープを 15 枚食べたところだ。
◎クレープ♥：crêpe（クれップ）

（9）わたしはきみのお母さんに電話したところだよ。

（10）バルテズは一匹のモグラを食べるつもりだ。
◎一匹のモグラ♥：une taupe（ユヌ トープ）

COLUMN

形容詞の語順についてのオマケ

前の章のコラムで「形容詞の語順」のことを書いたので、それに関してもう少し書いておこうと思う。よく使う短い形容詞で、名詞の前に置くことになっているものがある、と前のコラムで書いた。たとえば bon（ボン）「よい」がそうで、

un bon film（アン ボン フィルム） 1本のよい映画

という例を出した。ではこれを複数にして「いくつかのよい映画」にしたい場合、どうするかである。一般的な形容詞つまり名詞のうしろに置かれる形容詞とはつくり方がちがうのでおさえておいてほしい。まず、ふつうの語順のほうから見てみよう。

ふつうの〈名詞＋形容詞〉の語順の場合

un film intéressant（アン フィルム アンテれッサン） 1本の興味深い映画

des films intéressants（デ フィルムザンテれっサン） いくつかの興味深い映画

不定冠詞は un、une、des だから un が des に変わり、形容詞にも名詞にも s をつけて完成。

例外的な〈形容詞＋名詞〉の語順の場合

un bon film（アン ボン フィルム） 1本のよい映画

de bons films（ド ボン フィルム） いくつかのよい映画

ここでなぜか､des になるはずのところが de になってしまうのだ！これが最大のちがいなので気をつけよう！　そのほか、名詞、形容詞にそれぞれ s が必要なところは、ふつうの場合と同じなのだが。

なぜこの話をわざわざしたかというと、実際に文章を読むようになったときに、この de に出くわして面食らってしまうことがけっこうあるからなのだ。「なに、この de？　前置詞の de？」などと思ってしまったりするかもしれないが、そういうときは冷静にこのページを思い出して「この場合の de は、不定冠詞 un、une、des の des から、s が消えちゃっただけなんだ！」と自分に言い聞かせてほしい…！

Leçon 6

1　第２群規則動詞（-ir 動詞）の活用（直説法現在）

2　比較級と最上級

6-1……第２群規則動詞（-ir 動詞）の活用（直説法現在）

Je finis mon travail.
ジュ フィニ モン トらヴァイユ
わたしは自分の仕事を終える。

● **finir** ● 終える
フィニーる

je finis ジュ フィニ わたしは終える	**nous finissons** ヌ フィニッソン わたしたちは終える
tu finis テュ フィニ きみは終える	**vous finissez** ヴ フィニッセ あなた（がた）は終える
il finit イル フィニ 彼は終える	**ils finissent** イル フィニッス 彼らは終える
elle finit エル フィニ 彼女は終える	**elles finissent** エル フィニッス 彼女らは終える

● **réussir** ● 成功する
れユッスィーる

je réussis ジュ れユッスィ わたしは成功する	**nous réussissons** ヌ れユッスィッソン わたしたちは成功する
tu réussis テュ れユッスィ きみは成功する	**vous réussissez** ヴ れユッスィッセ あなた（がた）は成功する
il réussit イル れユッスィ 彼は成功する	**ils réussissent** イル れユッスィッス 彼らは成功する
elle réussit エル れユッスィ 彼女は成功する	**elles réussissent** エル れユッスィッス 彼女らは成功する

今まで第1群規則動詞（-er 動詞）それに être（エートる）と avoir（アヴォワーる）、aller（アレ）と venir（ヴニーる）を覚えさせられてきたわけだが（まさか忘れちゃっているのでは…？いろいろ混ざってわかんなくなってきた！という人は、ここでそれぞれのページをもう一度見て確認を！）、さらに新しい動詞グループの仲間が加わる。「加わらないで！」と懇願しても、加わる。不定詞が -ir の形で終わる動詞群だ。

◎発音上の注意点をいくつか。-er 動詞のとき chanter（シャンテ）、aimer（エメ）などというように、不定詞の語尾の r（エーる）は読まなかったが、-ir 動詞では finir（フィニーる）、réussir（れユッスィーる）というふうに語尾の r（エーる）を読む。

-er 動詞のとき、三人称複数 ils chantent、elles chantent を、発音とつづり字の規則から言えば例外的に「イル・シャント」「エル・シャント」と読んだのを覚えていると思うが（覚えていないと困る！）、ここでも同じ現象が起きる。今後も動詞活用を紹介するたびに同じ現象が起こるが、説明はここで最後にしておくので覚えておいてほしい。ils、ells を主語とする活用のとき、語尾が -ent となり、発音の規則から言えば「－アン」となるはずだが、そうは読まずに、-e だけと同じ発音で読むことになっているので、ここでも ils finissent は「イル　フィニッス」、elles réussissent は「エル　れユッスィッス」と読む。

◎ je と tu のときは finis というように -s で終わり、il と elle のときは finit というように -t で終わる。今後も似たような、je と tu のときは動詞の語尾が -s、il、elle のときは動詞の語尾が -t という活用形がいろいろ出てくるので、ポイントとしておさえておこう。

第２群規則動詞の例文

①**Je finis mon travail.**
ジュ フィニ モン トらヴァイユ

②**Nous finissons nos vacances à Paris.**
ヌ フィニッソン ノ ヴァカンス ア パり

③**Takézô et Barthez finissent une bouteille de vin.**
タケゾー エ バるテズ フィニッス ユヌ ブテイユ ド ヴァン

④**Il réussit toujours aux examens.**
イル れユッスィ トゥジューる オゼグザマン

⑤**Les médecins réussissent à guérir certains cancers.**
レ メトサン れユッスィッス ア ゲりーる セるタン キャンセーる

① わたしは自分の仕事を終える。

② わたしたちはパリでのわたしたちの休暇を終える。

◎vacance（ヴァカンス）は「休暇」の意味で使うときは複数形。単数だと単なる「空白、空き」という意味になってしまう。

③ 竹蔵とバルテズは 1 瓶のワインを（飲み）終える。

◎une bouteille（ユヌ ブテイユ）「瓶」なので une bouteille de vin（ユヌ ブテイユ ド ヴァン）は「1 瓶のワイン」（厳密に直訳的に言えば「ワインの 1 瓶」だが）。ちなみに「1 杯のワイン」なら un verre（アン ヴェーる）「グラス」という語を使って un verre de vin（アン ヴェーる ド ヴァン）と言い表せる。ハウスワインをピッチャーで頼むなら un pichet（アン ピシェ）という語を使う。レストランで注文するときの表現として覚えておきたい。

Un verre（pichet）de vin rouge（blanc）, s'il vous plaît.（アン ヴェーる ピシェ ド ヴァン るージュ ブラン スィル ヴ プレ）
赤（白）ワインのグラス（ピッチャー）をひとつ、お願いします。

おっと、酒の話になるとついつい力がこもって…。

④ 彼はいつも試験に成功する（合格する）。

◎réussir à（れユッスィーる ア）名詞：「～に成功する」。ここでは〈à + les examens〉（ア レ ゼグザマン）なので aux examens（オゼグザマン）。定冠詞複数 les examens（レ ゼグザマン）にすると「すべての試験」というニュアンスになる。

⑤ 医師たちはいくつかのガンを治すのに成功している。

◎「医師」の発音はメドサンというよりメトサンというかんじ。

réussir à（れユッスィーる ア）不定詞：「～するのに成功する」

近接未来、近接過去で言ってみよう

①**Je vais finir mon travail.**
ジュ ヴェ フィニーる モン トらヴァイユ

②**Lucie va finir une bouteille de vin.**
リュスィー ヴァ フィニーる ユヌ ブテイユ ド ヴァン

③**Elles vont réussir à l'examen.**
エル ヴォン れユッスィーる ア レグザマン

④**Vous allez finir ce livre ?**
ヴザレ フィニーる ス リーヴる

⑤**Je viens de finir ce roman.**
ジュ ヴィヤン ド フィニーる ス ロマン

⑥**Ils viennent de réussir à réparer la télévision.**
イル ヴィエンヌ ド れユッスィーる ア れパれ ラ テレヴィズィオン

前の章でやった aller(アレ)、venir(ヴニーる) と組み合わせて「近接未来」「近接過去」にしてみよう。

① わたしはもうすぐ自分の仕事を終える。
（もう終えるところだ、終えるつもりだ）

② リュシーはもうすぐ1瓶のワインを（飲み）終える。

③ 彼女たちはその試験に成功（合格）するだろう。

④ あなたはこの本をもうじき（読み）終えますか？

⑤ わたしはこの小説を（読み）終えたところだ。

⑥ 彼らはテレビを修理するのに成功したところだ。

練習問題 6-1

つぎにあげる動詞の不定詞も、finir や réussir と同じ第２群規則動詞（-ir 動詞）である。
活用表を自分で書いてみよう。

（1）choisir　選ぶ
ショワズィーる

（2）grandir　大きくなる
グらンディーる

（3）obéir　従う
オベイーる

Q2 つぎの各文のカッコ内に、日本語文に対応する動詞を活用させた形で入れてみよう。

（1）わたしは自分の宿題を終える。
Je（　　　　　　）mes devoirs.

（2）それらの医者たちはその手術に成功する。
Les médecins（　　　　　　）à l'opération.

（3）彼らはワインをひと瓶（飲み）終えたところだ。
Ils（　　　　　　）（　　　）（　　　　　　）une bouteille de vin.

（4）彼は彼の両親に従わない。
Il n'（　　　　　　）pas à ses parents.

（5）わたしたちはこのケーキを選ぶ。
Nous（　　　　　　）ce gâteau.

発展問題 6-1

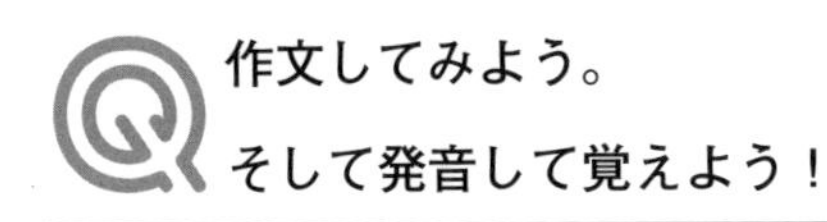

作文してみよう。
そして発音して覚えよう！

（1）彼女は彼女の姉に従う。

（2）竹蔵は行動する前に熟考する。
◎～する前に：avant de（アヴァン ド）動詞の不定詞　◎行動する：agir（アジーる）
◎熟考する：réfléchir（れフレッシーる）

（3）この教授はわたしの父の手術に成功したところだ。

（4）リュシーは自分の車を修理するのにもうすぐ成功する。

（5）わたしはゾラのその小説を選ばない。

（6）この木はとても速く大きくなる。
◎とても速く：très vite（トれヴィット）

（7）彼らはもうすぐ彼らの宿題を終える。

（8）わたしたちはわたしたちのデザートを選んだところだ。
◎デザート♠：dessert（デセーる）

（9）わたしたちはこの命令に従わないつもりだ。
◎この命令♠：cet ordre（セットるドる）

（10）わたしの弟はひとつのケーキを選ぶ前に熟考する。

6-2……比較級と最上級「～より～だ」「一番～だ」

比較級

(1) 形容詞の比較級

① **Vincent est plus grand que Catherine.**
ヴァンサン エ プリュ グらン ク キャトりーヌ

② **Catherine est aussi grande qu'Hélène.**
キャトりーヌ エ オッスィ グらンド ケレーヌ

③ **Hélène est moins grande que Vincent.**
エレーヌ エ モワン グらンド ク ヴァンサン

(2) 副詞の比較級

④ **Lucie court plus vite que Catherine.**
リュスィー クーる プリュ ヴィット ク キャトりーヌ

⑤ **Catherine court aussi vite qu'Hélène.**
キャトりーヌ クーる オッスィ ヴィット ケレーヌ

⑥ **Hélène court moins vite que Lucie.**
エレーヌ クーる モワン ヴィット ク リュスィー

「～より」という表現には **que**（ク） **～**を用いる。

moins（モワン） … que（ク）というのは日本語にない表現だが、英語の less と同じだろう。直訳で言うと「より少なく～だ、より少ない程度～だ」となる。逆の意味でとってしまわないよう注意しよう。

① ヴァンサンはカトリーヌより背が高い。

② カトリーヌはエレーヌと同じくらい背が高い。

◎母音や h から始まる語が que（ク）のうしろにくると qu'（ク）となる（エリジオン）。

③ エレーヌはヴァンサンより背が低い。

◎主語が男性ならもちろん grand（グラン）、主語が女性ならもちろん grande（グランド）になる。

④ リュシーはカトリーヌより速く走る。

⑤ カトリーヌはエレーヌと同じくらい速く走る。

⑥ エレーヌはリュシーより遅く走る。

◎副詞は動詞をかざるものなので、主語が男だろうと女だろうと形は変わらない。

最上級

(1) 形容詞の最上級

Takézô est le plus grand de l'équipe.
タケゾー エ ル プリュ グらン ド レキップ
竹蔵はそのチームの中で一番背が高い。

主語＋ être の活用形＋ le/la/les ＋ plus/moins 形容詞 de ナントカ
エートる ル ラ レ プリュ モワン ド
主語はナントカの中で一番～（形容詞）だ。

① **Takézô est le plus grand de l'équipe.**
タケゾー エ ル プリュ グらン ド レキップ

② **Lucie est la moins âgée de sa famille.**
リュスィー エ ラ モワンザジェ ド サ ファミーユ

③ **Ils sont les plus intelligents de l'école.**
イル ソン レ プリュザンテリジャン ド レコル

(2) 副詞の最上級

C'est Barthez qui mange le plus vite de l'équipe.
セ バるテズ キ マンジュ ル プリュ ヴィット ド レキップ
そのチームの中で一番速く食べるのはバルテズだ。

C'est 主語 qui 動詞 le plus/moins 副詞 de ナントカ
セ キ ル プリュ モワン ド
ナントカの中で一番～な様子で（副詞）…するのは主語だ。

④ **C'est Barthez qui mange le plus vite de l'équipe.**
セ バるテズ キ マンジュ ル プリュ ヴィット ド レキップ

⑤ **C'est ma mère qui marche le moins vite de ma famille.**
セ マ メーる キ マるシュ ル モワン ヴィット ド マ ファミーユ

形容詞の最上級をつくるには、plus(プリュ)と moins(モワン)の前に主語にあわせた定冠詞 **le**(ル)、**la**(ラ)、**les**(レ) を入れてやらないといけない。

① 竹蔵はそのチームの中で一番背が高い。

◎主語「竹蔵」は男性単数なので le(ル) を選ぶ。

② リュシーは自分の家族の中で一番年が若い。

◎主語「リュシー」が女性単数なので la(ラ) を選び、形容詞にも e をつける。
âgé(e)(アジェ)：形容詞「年取った、高齢の」。ちなみに名詞の「年齢」は âge(アージュ)。

③ 彼らはその学校でもっとも頭がいい。

◎主語「彼ら」が複数なので les(レ) を選び、形容詞にも s をつける。

副詞は、形容詞とちがって、女性形になったり複数形になったりはしない。ので、最上級をつくるときも、副詞のほうが形容詞よりカンタンだ。副詞は性・数の変化をしないので、最上級をつくるとき使う定冠詞は le(ル) だけですんでしまうというわけ。

◎副詞の最上級の場合は C'est(セ) だれだれ qui(キ)...「〜するのはだれだれだ」という強調構文でしかほとんど使わないそうなので、そういう例文をあげておく。

④ そのチームの中で一番速く食べるのはバルテズだ。

⑤ わたしの家族の中で一番遅く歩く(歩くのが遅い)のはわたしの母だ。

bonとbienはちょっと特殊

（1）bonの優等比較級「よりよい」

Ce croissant est meilleur que cette brioche.
ス エ メイユーる ク セット ブりオッシュ
このクロワッサンはこのブリオッシュよりおいしい。

〈× plus bon(ne)(s) ⇨ meilleur(e)(s)〉
メイユーる

①Ce croissant ♠ est meilleur que cette brioche.
ス クろワッサン エ メイユーる ク セット ブりオッシュ

②Cette tarte ♥ est meilleure que ce gâteau.
セット タるト エ メイユーる ク ス ガトー

③Ces brioches ♥ sont meilleures que ces croissants.
セ ブりオッシュ ソン メイユーる ク セ クろワッサン

④Ce croissant ♠ est aussi（moins）bon que cette brioche.
ス クろワッサン エ オッスイ モワン ボン ク セット ブりオッシュ

bon(形容詞)「よい」と **bien**(副詞)「よく」に関してのみ、優等比較
ボン　ビアン
級「よりよい」「よりよく」と優等最上級「もっともよい」「もっともよく」が特殊な形になる。

「このクロワッサンはこのブリオッシュよりおいしい」と言いたい場合、おいしい＝bon を使って
ボン
× Ce croissant est plus bon que cette brioche.
と言いたいところだが、これではダメで、plus bon の代わりに meilleur
プリュ　ボン　メイユーる
という特殊な形を用いなければならないのだ！

① このクロワッサンはこのブリオッシュよりおいしい。

② このタルトはこのケーキよりもおいしい。

③ これらのブリオッシュはこれらのクロワッサンよりもおいしい。

ちなみに同等比較級「同じくらいよい」、劣等比較級「よりよくない」の場合は特殊な形はない。つまり、aussi bon(ne)(s)、moins bon(ne)(s)
オッスイ　ボン　モワン　ボン
はアリなのだ。

④ このクロワッサンはこのブリオッシュと同じくらいおいしい（よりおいしくない）。

(2) bon の優等最上級「もっともよい」

Ce restaurant ♠ est le meilleur de la ville.
ス　れストらン　エ　ル　メイユーる　ド　ラ　ヴィル

このレストランはこの町で一番おいしい。

〈× le/la/les plus bon (ne) (s)
⇨ le/la/les meilleur (e) (s)〉
ル　ラ　レ　メイユーる

① **Ce restaurant ♠ est le meilleur de la ville.**
ス　れストらン　エ　ル　メイユーる　ド　ラ　ヴィル

② **Cette pâtisserie ♥ est la meilleure de la ville.**
セット　パティスり　エ　ラ　メイユーる　ド　ラ　ヴィル

③ **Ces gâteaux ♠ sont les meilleurs de Paris.**
セ　ガトー　ソン　レ　メイユーる　ド　パり

④ **Ces croissants ♠ sont les moins bons de la ville.**
セ　くろワッサン　ソン　レ　モワン　ボン　ド　ラ　ヴィル

bon「よい」の最上級「もっともよい」をつくるときは、さっきやった
ボン
bon の比較級 meilleur(e)(s)に、ふつうの形容詞のときと同様、定冠詞
ボン メイユーる
le、la、les をくっつけてつくる。
ル ラ レ

① このレストランはこの町で一番おいしい。

② このケーキ屋はこの町で一番おいしい。

③ これらのケーキはパリで一番おいしい。

これまた劣等最上級「もっともおいしくない」のときには特殊な形には

ならず、le/la/les moins bon(ne)(s)という言い方になる。
ル ラ レ モワン ボン

④ これらのクロワッサンはこの町で一番おいしくない。

(3) bien の優等比較級「よりよく」

Madonna chante mieux que mon père.
マドンナ シャント ミュー ク モン ペーる
マドンナはわたしの父より歌がうまい。

〈× plus bien ⇨ mieux〉
ミュー

①Takézô travaille mieux que Barthez.
タケゾー トらヴァイユ ミュー ク バるテズ

②Madonna chante mieux que mon père.
マドンナ シャント ミュー ク モン ペーる

③Barthez danse aussi bien que Beyoncé.
バるテズ ダンス オッスィ ビヤン ク ビヨンセ

④Barthez travaille moins bien que Takézô.
バるテズ トらヴァイユ モワン ビヤン ク タケゾー

(4) bien の優等最上級「もっともよく」

C'est Madonna qui danse le mieux de ces chanteurs.
セ マドンナ キ ダンス ル ミュー ド セ シャントゥーる
これらの歌手の中で一番踊りがうまいのはマドンナだ。

〈× le plus bien ⇨ le mieux〉
ル ミュー

⑤C'est Hélène qui travaille le mieux du bureau.
セ エレーヌ キ トらヴァイユ ル ミュー デュ ビューろー

⑥C'est Madonna qui danse le mieux de ces chanteurs.
セ マドンナ キ ダンス ル ミュー ド セ シャントゥーる

⑦C'est Barthez qui chante le moins bien de mes amis.
セ バるテズ キ シャント ル モワン ビアン ド メザミ

bien（ビアン）は副詞なので、優等比較級「よりよく」をつくるのに、性・数の変化はない。ホッ。

① 竹蔵はバルテズよりよくはたらく（勉強する）。

② マドンナはわたしの父より上手に歌う（わたしの父より歌がうまい）。

◎ちなみに、形容詞 bon（ボン）のときと同じく、同等比較級、劣等比較級の場合は特殊な形はない。つまり、aussi bien que（オッスイ ビアン ク）、moins bien que（モワン ビアン ク）はアリなのだ。

③ バルテズはビヨンセと同じくらい上手に踊る（同じくらい踊りがうまい）。

④ バルテズは竹蔵よりはたらかない（勉強しない）（竹蔵ほどよくははたらかない）。

優等最上級「もっともよく」をつくるときも、これまた副詞なので、**le**（ル）をつけるだけでよくて、性・数の変化はない。ホッ。

⑤ そのオフィスの中で一番よくはたらくのはエレーヌだ。

◎du bureau（デュ ビューろー）の du（デュ）は、実は de（ド）＋ le（ル）だ！「～の中で」という de（ド）と、le bureau（ル ビューろー）「そのオフィス」の le（ル）が合体しているのだ！ de（ド）＋ le（ル）→ du（デュ）の合体の法則を忘れた人は Leçon 5-2 に戻って確認しよう。

⑥ これらの歌手の中で一番踊りがうまいのはマドンナだ。

これまた劣等最上級「もっともわるく」のときには特殊な形にはならず、le moins bien（ル モワン ビアン）という言い方になる。

⑦ わたしの友人たちの中で一番歌がへたな（一番上手じゃなく歌う）のはバルテズだ。

練習問題 6-2

カッコ内に適当な語を入れなさい。
単語もどんどん覚えよう！

（1）エレーヌはカトリーヌより背が高くない。
Hélène est（　　　）（　　　）que Catherine.

（2）竹蔵はバルテズと同じくらい早く食べる。
Takézô mange（　　　）（　　　）que Barthez.

（3）権三郎はわたしの友人たちの中で一番金持ちだ。
Gonzaburô est（　　　）（　　　）（　　　）de mes amis.
◎金持ち：riche（リッシュ）

（4）わたしの祖父はわたしの祖母と同じくらい頻繁に病院へ行く。
Mon grand-père va à l'hôpital（　　　）（　　　）que ma grand-mère.
◎頻繁に：souvent（スヴァン）

（5）わたしの友人たちの中で一番頻繁にサッカーをするのはバルテズと竹蔵だ。
Ce sont Barthez et Takézô qui jouent au football（　　　）（　　　）（　　　）de mes amis.
◎サッカーをする：jouer au football（ジュエ オフットボール）

（6）映画「ゴジラ」は「タイタニック」よりよい。
Le film《Godzilla》est（　　　）（　　　）《Titanic》.

（7）映画「シャイニング」は世界で一番よい。
Le film《Shining》est（　　　）（　　　）du monde.
◎世界♠：le monde　de ＋ le の合体で du になることに注意しよう。

（8）竹蔵はバルテズより歌がうまい（より上手に歌う）。
Takézô chante（　　　）que Barthez.

（9）クラスで一番上手にフランス語を話すのは喜和子だ。
C'est Kiwako qui（　　　）（　　　）（　　　）français de sa classe.

（10）ざるそばはかけそばよりおいしい。
Le zarusoba est（　　　）que le kakesoba.
◎ざるそばもかけそばも外来語なので男性単数名詞としておこう。

発展問題 6-2

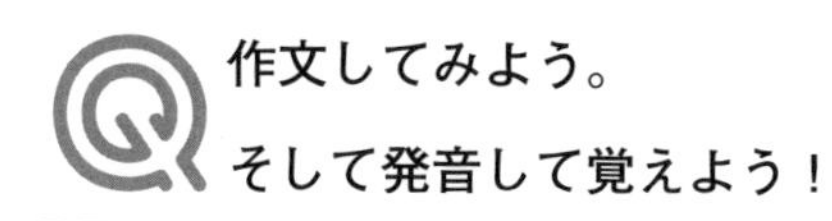

作文してみよう。
そして発音して覚えよう！

（1）このタルトは世界一おいしい。

（2）バルテズはそのモグラより速く走る。

（3）わたしの友人たちの中で一番踊りが上手なのはバルテズだ。

（4）このシャーベットはこのアイスクリームよりおいしくない。
◎シャーベット：sorbet（ソるべ）♠　◎アイスクリーム：glace（グラス）♥

（5）『こころ』は『三四郎』より興味深い？

（6）そのチームの中で一番よく食べるのはバルテズだ。

（7）わたしはモネよりもマネのほうがより好きだ。
◎より好きである：aimer mieux（エメ ミュー）

（8）英語はフランス語より難しい。
◎英語♠：l'anglais（ラングレ）　◎難しい：difficile（ディフィスィル）

（9）フランス語はロシア語より難しくない。
◎ロシア語♠：le russe（ル りゅッス）

（10）自身の家族の中で一番上手に絵を描くのはエレーヌだ。
◎絵を描く：dessiner（デスィネ）

COLUMN

形容詞についてもう一言だけ！

Leçon 4のコラムでもLeçon 5のコラムでも、形容詞について補足的なことを書いてきたが、どうにも気がおさまらないのであと一言だけ書かせてもらうことにした。

例外的に名詞の前に置くことになっている形容詞の中に、実は男性形がふたつあるものがある！

…などと書くとびびらせてしまいそうだが、なんのことはなくて、あくまで発音の便宜上の話なので恐れるほどのことはない。指示形容詞の男性形ceが、母音の前でのみcetになったが、あれと似たようなものだ。

beau（ボー） 美しい　nouveau（ヌーヴォー） 新しい　vieux（ヴィユー） 年老いた

などがその例だ。これらの形容詞は読んだとき語尾が母音で終わるため、このうしろに母音（または無音のh）がくると、母音同士がぶつかって読みづらい。というわけで形をちょろっとだけ変化させて読みやすくしているのだ。

× beau homme 「ボー・オム」なんて読みにくい、というわけで
○ bel homme（ベロム） 美男

× nouveau an 「ヌーヴォー・アン」ではなくて
○ nouvel an（ヌーヴェラン） 新年

× vieux homme これも「ヴィユー・オム」にも、はたまた「ヴィユーゾム」にもならず
○ vieil homme（ヴィエイロム） 老人

となるのだ。頭の片隅に置いておくといいかもしれない。

Leçon 7

1　不規則動詞３種

2　命令法

7-1 ……不規則動詞３種 faire、prendre、partir

(1) faire する、つくる（英語の do および make）
フェーる

je fais わたしはする ジュ フェ	**nous faisons** わたしたちはする ヌ フゾン ◎発音注意
tu fais きみはする テュ フェ	**vous faites** あなた(がた)はする ヴ フェット ◎活用形注意
il fait 彼はする イル フェ	**ils font** 彼らはする イル フォン
elle fait 彼女はする エル フェ	**elles font** 彼女らはする エル フォン

① **Vous faites la réservation de l'hôtel ?**
ヴ フェット ラ れぜるヴァスィオン ド ロテル

② **Vincent fait un travail ennuyeux ce soir.**
ヴァンサン フェ アン トらヴァイユ アンニュイユー ス ソワーる

③ **Je fais du ski ♠ tous les jours pendant l'hiver.**
ジュ フェ デュ スキー トゥ レ ジューる パンダン リヴェーる

④ **Ils font de la musique ♥ (du théâtre ♠).**
イル フォン ド ラ ミュズィーク デュ テアートる

⑤ **Gonzaburô fait une écharpe pour sa fille.**
ゴンザブロー フェ ユヌ エシャるプ プーる サ フィーユ

⑥ **Ils font la cuisine pour leurs parents.**
イル フォン ラ キュイズィーヌ プーる ルーる パらン

⑦ **Tu fais du cinéma ? C'est super !**
テュ フェ デュ スィネマ セ スュペーる

このあたりでそろそろやっておかなければならない不規則動詞。まずは**faire**（フェーる）からいってみよう！

nous faisons（ヌ　フゾン）は、発音の規則に従えば「ヌ　フェゾン」となるはずだが、例外的に「ヌ　フゾン」と発音することになっている。

vous faites（ヴ　フェット）のほうは形が変則的になるので要注意。例文で覚えこんでしまおう。

① あなたはそのホテルの予約をしますか？

② ヴァンサンは今晩、ひとつの面倒くさい仕事をする。

③ わたしは冬の間、毎日スキーをする。

◎tous les jours（トゥ　レ　ジューる）：成句「毎日」。直訳だと「すべての日」の意味。
pendant（パンダン）：前置詞。「〜の間」という時間的な意味を表す。
スポーツや芸術活動などを「する」というとき、faire（フェーる）＋部分冠詞＋スポーツ・活動名、で言う。

④ 彼らは音楽をやる（演劇をやる）。

「つくる」の意味も忘れずにおさえよう。

⑤ 権三郎は自分の娘のためにひとつのマフラーをつくる。

⑥ 彼らは自分たちの両親のために料理をする。

◎faire la cuisine（フェーる　ラ　キュイズィーヌ）「料理をする」

⑦ きみ、映画に出てるの？　そりゃすごいや！

◎ faire du cinéma（フェーる　デュ　スィネマ）「映画に出演する、映画をつくる」

(2) prendre とる（英語の take）
プランドる

je prends ジュ　プラン わたしはとる	**nous prenons** ヌ　プるノン わたしたちはとる
tu prends テュ　プラン きみはとる	**vous prenez** ヴ　プるネ あなた（がた）はとる
il prend イル　プラン 彼はとる	**ils prennent** イル　プれンヌ 彼らはとる
elle prend エル　プラン 彼女はとる	**elles prennent** エル　プれンヌ 彼女らはとる

① **Hélène prend le métro pour aller au travail.**
エレーヌ　プラン　ル　メトろ　プーる　アレ　オ　トらヴァイユ

② **Catherine et Lucie ne prennent pas le petit déjeuner.**
キャトりーヌ　エ　リュスィー　ヌ　プれンヌ　パ　ル　プティデジュネ

③ **Je prends un crayon et dessine un mouton.**
ジュ　プラン　アン　クれヨン　エ　デスィヌ　アン　ムトン

④ **Nous prenons une photo devant la tour Eiffel.**
ヌ　プるノン　ユヌ　フォト　ドヴァン　ラ　トゥーる　エッフェル

⑤ **Vous prenez une douche ?**
ヴ　プるネ　ユヌ　ドゥーシュ

つぎは **prendre** だ！
プランドる

je と tu のときは語尾に s がつき、il、elle のときはそれが取れる。
ジュ テュ イル エル

nous、vous、ils、elles の部分の活用を忘れがちなので、しっかり覚えよう。
ヌ ヴ イル エル

① エレーヌは仕事に行くのに地下鉄に乗る。

② カトリーヌとリュシーは朝食をとらない。

③ わたしは 1 本の鉛筆を手に取り、1 頭の羊を描く。

◎ crayon ♠は「クレヨン」でなく、「鉛筆」なのだ。
クれヨン

④ わたしたちはエッフェル塔の前で 1 枚の写真を撮る。

⑤ あなた（がた）、シャワーを浴びますか？

(3) partir 出発する
パるティーる

je pars ジュ　パーる わたしは出発する	**nous partons** ヌ　パるトン わたしたちは出発する
tu pars テュ　パーる きみは出発する	**vous partez** ヴ　パるテ あなた(がた)は出発する
il part イル　パーる 彼は出発する	**ils partent** イル　パるト 彼らは出発する
elle part エル　パーる 彼女は出発する	**elles partent** エル　パるト 彼女らは出発する

① **Je pars pour la France ce soir.**
ジュ　パーる　プーる　ラ　フらンス　ス　ソワーる

② **Nous partons pour Nice en avion demain.**
ヌ　パるトン　プーる　ニース　アナヴィオン　ドマン

③ **Hélène et Lucie partent de Bordeaux aujourd'hui.**
エレーヌ　エ　リュスィー　パるト　ド　ボるドー　オジュるデュイ

最後に partir！
パるティーる

① わたしは今晩フランスに向けて出発する。

◎「～へ出発する」は partir pour ～となる。
パるティーる プーる

② わたしたちは明日、飛行機でニースに向けて出発する。

◎ demain：「明日」
ドマン

③ エレーヌとリュシーは今日、ボルドーから出発する（ボルドーを発つ）。

◎ aujourd'hui：「今日」。「今日」と言いたいだけなのに、なんだか長たらしいし、「'」も書かないといけないし、発音もしにくいし…。イヤよね。
オジュるデュイ

7-2……命令法「～しろ！、～してください」

直説法	命令法
Tu regardes. きみは見る テュ　るギャるド	⇨ ⓐ Regarde ! 見ろ！ るギャるド
Nous regardons. わたしたちは見る ヌ　るギャるドン	⇨ ⓑ Regardons ! 見よう！ るギャるドン
Vous regardez. あなた(がた)は見る ヴ　るギャるデ	⇨ ⓒ Regardez ! 見てください！ るギャるデ

	第2群規則動詞 ● choisir ● ショワズィーる	不規則動詞のひとつ ● aller ● アレ
tu テュ に対して	Choisis ! ショワズィ 選べ！	Va ! ヴァ 行け！
nous ヌ に対して	Choisissons ! ショワズィッソン 選ぼう！	Allons ! アロン 行こう！
vous ヴ に対して	Choisissez ! ショワズィッセ 選んでください！	Allez ! アレ 行ってください！

	● être ＋形容詞 ● エートる	● avoir ＋抽象名詞 ● アヴォワーる
tu テュ に対して	Sois gentil(le) ! ソワ　ジャンティ(ジャンティーユ) 親切にしろ！	Aie du courage ! エ　デュ　クらージュ 勇気を持て！
nous ヌ に対して	Soyons gentil(le)s ! ソワイヨン　ジャンティ(ジャンティーユ) 親切にしよう！	Ayons du courage ! エイヨン　デュ　クらージュ 勇気を持とう！
vous ヴ に対して	Soyez gentil(le)(s) ! ソワイエ　ジャンティ(ジャンティーユ) 親切にしてください！	Ayez du courage ! エイエ　デュ　クらージュ 勇気を持ってください！

命令法のつくり方はわりに簡単だ。

まずは第1群規則動詞（-er 動詞）を例にとって見てみよう。

フランス語には3種類の命令法がある。

ⓐ tu（きみ）に対しての命令法
テュ

親しい人に対して「〜しろ、〜して！」という言い方。第1群規則動詞（-er 動詞）などの場合は、tu の活用のとき語尾についていた s が、命令法のとき消える。

ⓑ nous（わたしたち）に対しての命令法
ヌ

これは「〜しましょう！、しよう！」という言い方。英語の let's 〜と考えればいい。

ⓒ vous（あなた、あなたがた）に対する命令法
ヴ

ひとりの人に向かって使えば、ていねいに「〜してください」という言い方になる。複数の人に向かっての場合は、文脈と口調しだいで「〜してください」とも「〜しろ、〜しなさい」とも訳せる。

◎サッカーの応援などで「Allez, allez !!」はよく耳にする。
アレ　アレ

命令法でも **être** と **avoir** はまたへんちくりんな形になる。
エートる　アヴォワーる

être の命令法はたいてい形容詞をともなって出てくる。直訳ふうに言うと「〜であれ！」ということだ。
エートる

avoir も具体的な「もの」よりも抽象名詞をともなうことが多い。抽象名詞は数えられない「不可算名詞」なので、ここでの du courage のように「部分冠詞」をつけて使う。
アヴォワーる　デュ クらージュ

否定の命令法

tu テュ に対して	**Ne regarde pas !** ヌ るギャるド パ 見るな！	**Ne choisis pas !** ヌ ショワズィ パ 選ぶな！
nous ヌ に対して	**Ne regardons pas !** ヌ るギャるドン パ 見ないようにしよう！	**Ne choisissons pas !** ヌ ショワズィッソン パ 選ばないようにしよう！
vous ヴ に対して	**Ne regardez pas !** ヌ るギャるデ パ 見ないでください！	**Ne choisissez pas !** ヌ ショワズィッセ パ 選ばないでください！

命令法の例文

① **Chante, Lucie, chante !**
シャント リュスィー シャント

② **Alors chantons ensemble une chanson !**
アローる シャントン アンサーンブル ユヌ シャンソン

③ **Ne chante pas, Barthez, ne chante pas !**
ヌ シャント パ バるテズ ヌ シャント パ

④ **Alors n'écoute pas ! Je chante !**
アローる ネクット パ ジュ シャント

⑤ **Arrête ! Sois gentil, Barthez !**
アれっト ソワ ジャンティ バるテズ

今見てきたふつうの肯定の命令法を、**ne**(ヌ) と **pas**(パ) ではさめば完了。

① 歌って、リュシー、歌ってよ！

② じゃあ、いっしょに 1 曲歌おうよ！

◎ ensemble(アンサーンブル)：副詞「いっしょに」

③ 歌うな、バルテズ、歌うなよ！

④ じゃあ聴くな！　おれは歌うぞ！

⑤ やめろ！　おとなしくしろ、バルテズ！

◎arrêter(アれテ)：-er 動詞「止める、やめる」

gentil(ジャンティ)：形容詞「親切な、優しい」「(子どもなどが) おとなしい、行儀のいい」

《三姉妹物語》

美青年ヴァンサンとつきあっているカトリーヌだが、顔をくもらせて妹のエレーヌのところにやってきた。

Catherine : **Notre histoire d'amour va finir...**
ノートりストワーる　ダムーる　ヴァ　フィニーる

Hélène : **Ne sois pas pessimiste, Catherine, aie confiance !**
ヌ　ソワ　パ　ペスィミスト　キャトりーヌ　エ　コンフィアンス

C : **Mais c'est un peu à cause de toi, Hélène !**
メ　セ　アン　プ　ア　コーズ　ド　トワ　エレーヌ
Tu regardes trop Vincent !
テュ　るギャるド　トろ　ヴァンサン

H : **Mais, je ne regarde pas du tout Vincent !**
メ　ジュ　ヌ　るギャるド　パ　デュ　トゥ　ヴァンサン
Tu es folle, Catherine.
テュ　エ　フォル　キャトりーヌ
Allez, ne pense plus à ces bêtises !
アレ　ヌ　パンス　プリュ　ア　セ　ベティーズ
Allons au cinéma...
アロン　オ　スィネマ

カトリーヌ(C)：わたしたちの恋物語（ラブストーリー）は、もうじき終わるわ…。

◎histoire（イストワーる）♥「物語」「歴史」。histoire d'amour（イストワーる ダムーる）「恋物語」

エレーヌ(H)：悲観的にならないでよ、カトリーヌ、自信持って！

◎pessimiste（ペスィミスト）：ここでは形容詞「悲観的な」。
名詞もある。un (une) pessimiste（アン ユヌ ペスィミスト）「悲観的な人、ペシミスト」
confiance（コンフィアンス）♥：「信頼」「自信」

C：でもそれって、ちょっとあんたのせいなのよ、エレーヌ！
あんたはヴァンサンを見つめすぎよ！

◎mais（メ）：接続詞「しかし、でも」。un peu（アン プ）：「少し」。英語の a little と似ている。
à cause de（ア コーズ ド）：「～のせい、～が原因」
trop（トろ）：副詞「あまりに、過度に」

H：でも、あたしは全然ヴァンサンを見つめてなんかないよ。
どうかしてるわよ、カトリーヌ。
さあ、そんなバカなこともう考えないで！
映画に行きましょ…。

◎ne...pas du tout（ヌ パ デュ トゥ）：「全然、まったく～ない」
folle（フォル）：形容詞。男性形は fou（フー）「気がちがった、どうかしている」
ne...plus（ヌ プリュ）：「もう～ない」
penser à（パンセ ア）名詞：「～のことを考える」
bêtise（ベティーズ）：「ばかげたこと」
aller au cinéma（アレ オ スィネマ）：「映画（館）に行く」

練習問題 7

次のふたつの動詞は、この章でやった動詞 prendre（プランドる）と活用のしかたが同じだ。prendre を思い出しながら、これらの活用表をつくってみよう。

（1）comprendre（コンプらンドる）　理解する

（2）apprendre（アプらンドる）　習う・学ぶ　母音で始まっていることに気をつけよう！

Q2

次の３つの動詞は、この章でやった動詞 partir（パるティーる）と活用のしかたが同じだ。partir を思い出しながら、これらの活用表を作ってみよう。

（1）sortir（ソるティーる）　出る・出かける

（2）dormir（ドるミーる）　眠る

発展問題 7

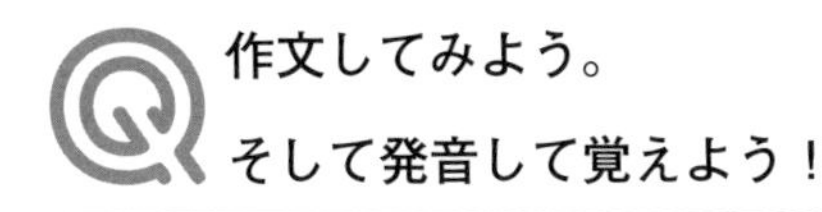

作文してみよう。
そして発音して覚えよう！

（1）彼女は毎日電車に乗っている。
◎電車♠：le train（ル トラン）

（2）バルテズはよく眠る。

（3）カトリーヌとヴァンサンはテニスをする。
◎テニス♠をする：faire du tennis（フェーる デュ テニス）

（4）一枚写真を撮ろう！

（5）権三郎は合衆国に向けて東京から出発する。

（6）喜和子は自分の妹といっしょに出かける。
◎〜といっしょに（前置詞）：avec（アヴェック）

（7）わたしたちはフランス語を習っている。

（8）彼は日本語がわかる（日本語を理解している）。

（9）明日は朝食をとらないでください。

（10）このモグラを食べるな、バルテズ！

Leçon 8

1　疑問形容詞

2　疑問副詞

8-1……疑問形容詞「どんな」「～はなに」

Quel est votre nom ?
ケレ ヴォートる ノン
あなたのお名前はなんですか？

	単数	複数
男性♠	**quel** ケル	**quels** ケル
女性♥	**quelle** ケル	**quelles** ケル

①**Quelle heure ♥ est-il ?**
ケルーれティル
—②**Il est sept heures.**
イレ セットゥーる

③**Quel âge ♠ as-tu ?**
ケラージュ ア テュ
—④**J'ai vingt ans.**
ジェ ヴァンタン

⑤**Quel est votre nom ♠ ?**
ケレ ヴォートる ノン

⑥**Quelles sont les quatre saisons ♥ de l'année ?**
ケル ソン レ キャトる セゾン ド ラネ

⑦**Quel homme ♠ !**
ケロム

⑧**Quelle chaleur ♥ !**
ケル シャルーる

quel、**quelle** は「なに」「どんな」を表す語だが、いろんな種類の疑問文をつくることができるので例文をたくさん覚えよう。形容詞の一種なので、形容する名詞に対して性・数の一致を行わなければならない。

① 何時ですか？

◎時間をたずねる定番表現。quelle heure で「何時」。heure「時」という語が女性なので quelle という形。est-il という部分は、英語では is it にあたるもので、「非人称の il」を使っている。「彼」という意味はまったくないものなので注意しよう。

——② 7 時です。

◎答える表現にも非人称の il が用いられる。

③ きみ、何歳？

◎「どんな年齢」という意味で quel âge という表現を使う。今度は âge という語が男性なので quel という形。年齢はやはり avoir で「持っている」と表現する。

——④ わたしは 20 歳です。

⑤ あなたのお名前はなんですか？

◎ nom という語の発音は「ノム」とはならず、oui / non の「ノン」と同じ。

⑥ 1 年の四季とはなんですか？

◎ saison「季節」が女性名詞、しかも複数で訊いているので quelles という形に。

名詞とくっつけてビックリマークをつけると感嘆文もつくれる。

⑦ なんという（すごい、ひどい）男だ！

◎よいニュアンスかわるいニュアンスかは、文脈と言い方しだい…。

⑧ なんて暑さだ！

◎chaleur は「熱、暑さ」。夏に日本に来てしまったフランス人がよく言っているような…。

8-2……疑問副詞「いつ」「どこ」

Quand arrivez-vous ?
カン　アりヴェ　ヴ

あなた（がた）はいつ到着しますか？

いつ	**quand** カン
どこ	**où** ウ
どのように、どのような	**comment** コマン
どれくらい	**combien** コンビアン
なぜ	**pourquoi** プるクワ

①**Quand arrivez-vous ?** —②**J'arrive demain.**
カン　アりヴェ　ヴ　ジャりーヴ　ドマン

③**Où habitez-vous ?** —④**Nous habitons à Nice.**
ウ　アビテ　ヴ　ヌザビトン　ア　ニース

⑤**Où sont les toilettes ?**
ウ　ソン　レ　トワレット

⑥**Comment allez-vous ?** —⑦**Je vais très bien, merci. Et vous ?**
コマンタレ　ヴ　ジュ　ヴェ　トれ　ビアン　メるスィ　エ　ヴ

⑧**Comment est la maison de Vincent ?**
コマン　エ　ラ　メゾン　ド　ヴァンサン

⑨**Elle est assez petite, mais très agréable.**
エレ　アッセ　プティット　メ　トれ　アグれアーブル

⑩**Combien coûte cette voiture ?**
コンビヤン　クット　セット　ヴォワテューる

⑪**Pourquoi portes-tu toujours ce collier ?**
プるクワ　ポるト　テュ　トゥジューる　ス　コリエ

⑫**Parce que c'est un cadeau de mon copain.**
パるス　ク　セ　アン　カドー　ド　モン　コパン

よく使う疑問副詞を５つ覚えよう。

疑問副詞を文頭に置いて、そのうしろは主語と動詞をさかさまに置く（倒置）。どうしても倒置を使いたくない場合は、疑問文のところでやったのと同様、est-ce que を用いれば倒置をしなくてすむ。

Quand arrivez-vous? ⇨ Quand est-ce que vous arrivez ?
カン アリヴェ ヴ カンテスク ヴザりヴェ

◎疑問詞の quand は quand est-ce que の時以外リエゾンしない。

Où habitez-vous? ⇨ Où est-ce que vous habitez ?
ウ アビテ ヴ ウ エスク ヴザビテ

① あなたはいつ着きますか？ ――② わたしは明日着きます。

③ あなたがたはどこに住んでいますか？

――④ わたしたちはニースに住んでいます。

⑤ トイレはどこですか？

◎「トイレ」はつねに複数で定冠詞をつけ、les toilettes（レ トワレット）と言う。単数 la toilette（ラ トワレット）だと「身づくろい、化粧」の意味にしかならないので注意。

⑥ お元気ですか？――⑦ とても元気です、ありがとう。で、あなたは？

（直訳：あなたはどのように行っていますか？ ――とてもよい具合に行っています）

◎だれでもどこかで聞いたことのある「コマンタレヴ」がこれだ！ こういうことだったのだ。

aller にはこういう使い方があるので覚えておこう。aller の活用を今すぐ唱えてみて、忘れていた人は 74 ページに戻って復習だ！

⑧ ヴァンサンの家はどんな？

⑨ かなり小さいよ、でもとても快適なんだ。

◎ la maison（ラ メゾン）が女性名詞なので elle（エル）で受ける。

⑩ この車はいくらなの？

◎ coûter：-er 動詞「値段が～である」

⑪ なぜいつもそのネックレスをしてるの？

◎ porter：-er 動詞「身につける、運ぶ」。toujours：副詞「いつも」

⑫ なぜってわたしの彼氏からのプレゼントのひとつだから。

◎ parce que：「なぜなら～だから」。英語の because にあたる。

《三姉妹物語》

カトリーヌが恋人のヴァンサンと過ごしていると…

Vincent : **Catherine, quand est l'anniversaire ♠ de Lucie ?**
カトりーヌ カン エ ラニヴェるセーる ド リュスィー

Catherine : **C'est le dix-sept décembre.**
セ ル ディセット デサンブる

V : **Ah oui? C'est bientôt, alors.**
ア ウィ セ ビアント アローる

Je vais acheter un cadeau ♠.
ジュ ヴェ アシュテ アン カドー

Quelle est sa fleur ♥ préférée?
ケレ サ フルーる プれフェれ

C : **Je ne sais pas... la rose ♥, peut-être...**
ジュ ヌ セ パ ラ ろーズ プテートる

V : **Quelle couleur ♥ aime-t-elle?**
ケル クルーる エームテル

C : **Ben...elle porte souvent des vêtements ♠ jaunes.**
バン エル ポるト スヴァン デ ヴェットマン ジョーヌ

V : **Quel âge a-t-elle? ...enfin, quel âge va-t-elle avoir ?**
ケラージャテル アンファン ケラージュ ヴァテル アヴォワーる

C : **Elle va avoir vingt-quatre ans.**
エル ヴァ アヴォワーる ヴァントキャトらン

V : **Alors, je vais donner à Lucie vingt-quatre roses jaunes.**
アローる ジュ ヴェ ドネ ア リュスィー ヴァントキャトる ろーズ ジョーヌ

C : **Oh ! là, là ! Quelle gentillesse ♥ !**
オララー ケル ジャンティエッス

V : **Où travaille-t-elle?**
ウ トらヴァイユ テル

C : **Dans le troisième arrondissement ♠.**
ダン ル トろワズィエム アろンディッスマン

V : **Et quelles sont vos relations ?**
エ ケル ソン ヴォ るラスィオン

Combien de fois mangez-vous ensemble par mois ?
コンビヤン ド フォワ マンジェ ヴ アンサーンブル パる モワ

C : **Arrête, Vincent !**
アれット ヴァンサン

Pourquoi poses-tu tant de questions sur Lucie?
プるクワ ポズ テュ タン ド ケスティオン スュる リュスィー

V : **Parce que...euh...parce qu'elle est ta sœur !**
パるス ク ウー パるス ケレ タ スーる

ヴァンサン(V)：カトリーヌ、リュシーの誕生日はいつなの？
◎ l'anniversaire ♠：「誕生日、記念日」

カトリーヌ(C)：12月17日よ。
◎日付は〈le 数字＋月の名前〉で表す。

V：あ、そうなの？　じゃあ、もうすぐだね。
なにかプレゼントを買おうっと。
◎〈近接未来 aller ＋不定詞〉を使っている。
彼女のお気に入りの花はなに？
◎ préféré (e)：形容詞「お気に入りの」

C：知らない…バラだね、たぶん。
◎ savoir：不規則動詞「知っている」。peut-être：副詞「たぶん、おそらく」

V：彼女、何色が好き？
◎ -t- とはさまっている t は母音同士がぶつかるのを防ぐだけのもので、意味はない。

C：そうね…よく黄色い服着てるよ。
◎ ben...：「ええと、そうね…」などを表すくだけた表現。vêtement ♠：「服」

V：彼女、何歳？…ていうか、何歳になるの？
◎ふつうにたずねてから、近接未来で訊きなおしている。enfin：副詞「結局」「ていうか」

C：24歳になるの。
◎これも近接未来で答えている。

V：じゃあ、リュシーに24本の黄色いバラをあげることにするよ。
◎これまた近接未来。

C：あらあら！　なんたる親切さ！
◎Oh！ là, là：「おやおや、いやはや」。「オーララ」というよりは「オララー」というかんじ。

V：彼女、どこではたらいてるの？

C：3区で。
◎ arrondissement ♠：主にパリの「区」を表す語。

V：で、きみたちの間の関係はどうなの？
月に何回いっしょに食事するの？
◎ fois ♠：「回、回数」。〈combien de 名詞〉で「どれくらいの〜」。par mois：「月あたり」

C：やめてよ、ヴァンサン！
なんでそんなにリュシーについて訊くの？
◎ tant de 複数名詞：「それほどたくさんの〜」

V：なぜって…ええと…なぜって彼女がきみの妹だからさ！
◎ parce que と il、elle などがくっつくと parce qu' となる。

練習問題 8

カッコ内に適当な語を入れなさい。
単語もどんどん覚えよう！

（1）そのモグラはどこに住んでいますか？　——とある穴の中です。
（　　　　）est-ce que la taupe habite ?　— Dans un trou.
◎穴♠：un trou（トるー）

（2）いつバルテズは到着しますか？
（　　　　　）est-ce que Barthez arrive ?

（3）何時ですか？
（　　　　　）heure est-il ?

（4）彼は何歳ですか？
（　　　　　）âge a-t-il ?

（5）あなたはどうやってここに来ますか？
（　　　　　）est-ce que vous（　　　　　）ici ?
◎「～で来る／行く」というときは en ＋無冠詞の乗り物名で答える。
en métro（アン メトろ）「地下鉄で」など。

（6）この本はいくらしますか？
（　　　　　）coûte ce livre ?

（7）きみは週に何時間働いているの？
Tu travailles（　　　　　）d'heures par semaine ?
◎どれくらいの～：combien de ＋無冠詞名詞　◎週♥に：par semaine

（8）きみのお気に入りのチームは何だい？
（　　　　　　）est ton équipe préférée ?
◎お気に入りの：préféré（プれフェれ）　◎ equipe は女性名詞だが母音から始まるので…。

（9）出口はどこですか？
（　　　　）est la sortie ?
◎出口♥：la sortie（ラ ソるティ）

（10）なぜあなたは朝食をとらないんですか？
（　　　）est-ce que vous ne prenez pas le petit déjeuner ?

発展問題 8

作文してみよう。
そして発音して覚えよう！

（1）あなたはいつフランスに向けて出発するのですか？

（2）彼女たちはどこで昼食をとるのですか？

（3）きみはどこでテニスをやっているの？

（4）是枝の新しい映画はどんな？
◎新しい映画♠：le nouveau film（ル ヌーヴォー フィルム）

（5）あなたのお気に入りの季節は何ですか？

（6）彼は週に何回魚を食べますか？
◎何回＝どれくらいの回数　回数♥：fois　単数でも語末に s がある語。

（7）あなたがたはどうやってこの野菜を食べるんですか？
◎野菜♥：légume（レギュム）

（8）あなたはいくつ（どれくらいの）ギターを持っているのですか？

（9）なぜ彼らは走っているの？

（10）なぜならこの近くで火事があるからだよ。
◎火事♠：un incendie（アナンサンディ）　◎この近くで（に）：près d'ici（プれディスィ）

Leçon 9

1　不規則動詞

2　非人称の il を使った構文

3　疑問代名詞

9-1……不規則動詞 pouvoir、vouloir

Je peux arriver à cinq heures.
ジュ プ アリヴェ ア サンクーる
わたしは５時に到着できる。

Il veut arriver à cinq heures.
イル ヴ アリヴェ ア サンクーる
彼は５時に到着したい。

●**pouvoir**● ～できる
プヴォワーる

je peux ジュ プ	**nous pouvons** ヌ プヴォン
tu peux テュ プ	**vous pouvez** ヴ プヴェ
il peut イル プ	**ils peuvent** イル プーヴ
elle peut エル プ	**elles peuvent** エル プーヴ

●**vouloir**● ～したい
ヴロワーる

je veux ジュ ヴ	**nous voulons** ヌ ヴロン
tu veux テュ ヴ	**vous voulez** ヴ ヴレ
il veut イル ヴ	**ils veulent** イル ヴール
elle veut エル ヴ	**elles veulent** エル ヴール

pouvoir ＋不定詞 ～できる
vouloir ＋不定詞 ～したい

まずは重要なくせに（重要だから？）不規則な活用をする動詞をふたつ。

このふたつ **pouvoir**（プヴォワーる）と **vouloir**（ヴロワーる）は、活用のしかたが似ているので、区別しつついっしょに覚えよう。

語尾に x が出てきたりするので注意。ils、elles の部分を忘れる人もたくさん見てきたので、pouvoir は「イル　プーヴ」、「エル　プーヴ」、vouloir は「イル　ヴール」、「エル　ヴール」、としっかり唱えて覚えきろう。

pouvoir は英語の can にあたるもので、たいていうしろに動詞の不定詞をくっつけて、「〜できる」と言い表すことができる。

vouloir は、うしろに名詞だけがくっつけば英語の want、うしろに不定詞がくっつけば英語の want to にあたる。

なんか今回は右ページにあんまり書くことないなぁ…。

しかし左の公式はしっかり覚えてほしい。

次ページに例文をどっさりご用意！

不規則動詞 pouvoir、vouloir の例文

①**Je peux arriver à cinq heures.**
ジュ　プ　アりヴェ　ア　サンクーる

②**Nous pouvons aller à l'école à pied.**
ヌ　プヴォン　アレ　ア　レコル　ア　ピエ

③**Vous pouvez partir aujourd'hui.**
ヴ　プヴェ　パるティーる　オジュるデュイ

④**Puis-je（Je peux）entrer ?**
ピュイージュ　ジュ　プ　アントれ

⑤**Vincent ne peut pas oublier Lucie.**
ヴァンサン　ヌ　プ　パ　ウブリエ　リュスィー

⑥**Takézô et Barthez ne peuvent pas acheter cette voiture.**
タケゾー　エ　バるテズ　ヌ　プーヴ　パ　アシュテ　セット　ヴォワテューる

⑦**Je veux un piano.**
ジュ　ヴ　アン　ピアノ

⑧**Je veux jouer du piano.**
ジュ　ヴ　ジュエ　デュ　ピアノ

⑨**Vous voulez du café ?**
ヴ　ヴレ　デュ　キャフェ

⑩**Hélène veut dîner avec Vincent.**
エレーヌ　ヴ　ディネ　アヴェック　ヴァンサン

⑪**Catherine ne veut pas parler de Lucie avec Vincent.**
キャトりーヌ　ヌ　ヴ　パ　パるレ　ド　リュスィー　アヴェック　ヴァンサン

⑫**Barthez et ses amis veulent aller au stade.**
バるテズ　エ　セザミ　ヴール　アレ　オ　スタッド

⑬**Veux-tu（Tu veux）fermer la fenêtre ?**
ヴ　テュ　テュ　ヴ　フェるメ　ラ　フネートる

⑭**Peux-tu（Tu peux）ouvrir la porte ?**
プ　テュ　テュ　プ　ウヴりーる　ラ　ポるト

⑮**Voulez-vous（Vous voulez）parler moins vite ?**
ヴレ　ヴ　ヴ　ヴレ　パるレ　モワン　ヴィット

⑯**Pouvez-vous（Vous pouvez）répéter ?**
プヴェ　ヴ　ヴ　プヴェ　れペテ

① わたしは５時に到着できる。

② わたしたちは歩いて学校に行ける。

◎ à pied：「歩いて、徒歩で」。直訳だと「足で」というかんじ。

③ あなた（がた）は今日出発できる（してもよい）。

◎ pouvoir が「〜してもよい」という「許可」のニュアンスで使われることもある。

④ 入ってもいいですか？

◎ je peux を倒置したときだけ、peux-je ではなく、古い形の puis-je となる。

否定文のときは、pouvoir の部分だけを ne と pas ではさむこと。不定詞はその外側。

⑤ ヴァンサンはリュシーを忘れることができない。

⑥ 竹蔵とバルテズはその車を買うことができない。

⑦ わたしは１台のピアノがほしい。

⑧ わたしはピアノを弾きたい。

◎ jouer：-er 動詞「（楽器を）演奏する、（スポーツを）する、プレーする」
「楽器を演奏する」という場合に、楽器名の前にかならず de をつける。
ピアノは男性名詞 le piano なので de ＋ le ＝ du piano になる。

⑨ あなた（がた）、コーヒーをほしいですか？

◎コーヒーは数えられない男性名詞なので「部分冠詞」をつける。20 ページ参照。

⑩ エレーヌはヴァンサンと夕食をとりたい。

◎ dîner：-er 動詞「夕食をとる」

⑪ カトリーヌはヴァンサンとリュシーについて話したくない。

◎ parler de：「〜について話す」。77 ページ参照。

⑫ バルテズとその友人たちはそのスタジアムに行きたい。

そのほか、pouvoir も vouloir も両方とも、きみ tu やあなた（がた）vous に対しての疑問文で「〜してくれる？　してくれますか？」という「依頼」の意味を持たせることができる。

⑬ 窓を閉めてくれる？

⑭ ドアをあけてくれる？

⑮ もっとゆっくり話してくださいますか？

◎ moins vite：「もっとゆっくり」。直訳だと「より少なく速く」

⑯ 繰り返してくださいますか？

9-2……非人称の il を使った構文

Il faut marcher vite.
イル　フォー　マるシェ　ヴィット
速く歩かなければならない。

(1) 天気などを表す非人称の il

① **Il fait beau (mauvais).**
イル　フェ　ボー　モヴェ

② **Il fait chaud (froid).**
イル　フェ　ショー　フろワ

③ **Il pleut.**
イル　プル

④ **Il neige.**
イル　ネージュ

(2) 非人称の il しか主語にできないさみしい動詞 falloir

il faut ＋不定詞　～しなければならない il faut ＋名詞　～が必要である

⑤ **Il faut marcher vite.**
イル　フォー　マるシェ　ヴィット

⑥ **Il faut une voiture pour aller à l'aéroport.**
イル　フォー　ユヌ　ヴォワテューる　プーる　アレ　ア　ラエろポーる

(3) その他決まった表現の中で

ⓐ 時間を表す il

⑦ **Quelle heure est-il ?　―Il est neuf heures vingt.**
ケルーれティル　イレ　ヌヴーる　ヴァン

ⓑ「～するのは…だ」英語の〈it is 形容詞 to do〉にあたる。

il est 形容詞 de 不定詞　～するのは…だ

⑧ **Il est difficile de chanter cette chanson.**
イレ　ディフィスィル　ド　シャンテ　セット　シャンソン

ⓒ すでにやった il y a の il も、実は非人称の il。

⑨ **Il y a beaucoup d'enfants dans le métro.**
イリヤ　ボク　ダンファン　ダン　ル　メトろ

「彼は」という意味にはならず、仮主語のようなはたらきをするため、訳出しないことになっている「非人称の il」というものがある。

① 天気がいい（わるい）。

◎決まりきった表現。非人称の il に動詞は faire を使う。

② 気候が暑い（寒い）。

◎自分自身が暑い、寒いという場合には、avoir を使って J'ai chaud (froid).

③ 雨が降る（降っている）。

◎この動詞の不定詞は pleuvoir という不規則動詞。
近接未来で「雨が降るだろう、降りそう」という場合は Il va pleuvoir.

④ 雪が降る（降っている）。

◎この動詞の不定詞は -er 動詞で neiger。
近接未来で「雪が降るだろう」は Il va neiger.

⑤ 速く歩かなければならない。

◎この表現では「だれが」ということは問題にされていない。

⑥ 空港に行くためには 1 台の車が必要だ。

◎ aéroport ♠ :「空港」

⑦ 何時ですか？ ――9時 20 分です。

◎ neuf の f は heures および ans とリエゾンするときには v の音になるんだった。

⑧ この歌を歌うのはむずかしい。

◎ difficile : 形容詞「むずかしい」

⑨ 地下鉄の中にたくさんの子どもがいる。

◎ beaucoup de 複数名詞 :「たくさんの～」
métro ♠ :「地下鉄」

9-3……疑問代名詞「だれが？、だれを？」「なにが？、なにを？」

	主語をたずねるとき	目的語をたずねるとき	前置詞つきのとき
人	Qui ＋動詞？ (キ) Qui est-ce qui＋動詞？ (キ エ ス キ) だれが〜しますか？	Qui＋動詞−主語？ (キ) Qui est-ce que＋主語・動詞？ (キ エ ス ク) 〜はだれを〜しますか？	前置詞＋qui？ (キ)
もの	Qu'est-ce qui＋動詞？ (ケ ス キ) なにが〜しますか？	Que＋動詞−主語？ (ク) Qu'est-ce que＋主語・動詞？ (ケ ス ク) 〜はなにを〜しますか？	前置詞＋quoi？ (クワ)

① **Qui habite ici ? = Qui est-ce qui habite ici ?**
キ　アビット　イスィ　　キ　エ　ス　キ　アビット　イスィ

—② **C'est Lucie.**
セ　リュスィー

③ **Qu'est-ce qui se passe ?**
ケ　ス　キ　ス　パッス

④ **Qui cherches-tu ? = Qui est-ce que tu cherches ?**
キ　シェるシュ　テュ　　キ　エ　ス　ク　テュ　シェるシュ

—⑤ **Je cherche mon oncle.**
ジュ　シェるシュ　モノンクル

⑥ **Que cherchez-vous ? = Qu'est-ce que vous cherchez ?**
ク　シェるシェ　ヴ　　ケス　ク　ヴ　シェるシェ

—⑦ **Je cherche mon passeport.**
ジュ　シェるシュ　モン　パスポーる

⑧ **À qui téléphonez-vous ?**
ア　キ　テレフォネ　ヴ

—⑨ **Je téléphone à mon professeur.**
ジュ　テレフォンヌ　ア　モン　プろフェッスーる

⑩ **Avec qui parles-tu ?** —⑪ **Je parle avec Takézô.**
アヴェック　キ　パるル　テュ　　ジュ　パるル　アヴェック　タケゾー

⑫ **De quoi parlez-vous ?**
ド　クワ　パるレ　ヴ

—⑬ **Nous parlons d'un film de Godard.**
ヌ　パるロン　ダン　フィルム　ド　ゴダーる

「だれ」は qui、「なに」は que を使ってたずねる。
（qui：キ、que：ク）

ここはごちゃごちゃ文章で説明するより、表と例文を見てもらったほうが早そうだ。

あくまで qui はキ、que はクと読むのであるから、「クイ」とか「クエ」とか鳥の鳴き声みたいな音を出さないよう、くれぐれも気をつけよう。

① だれがここに住んでいますか？　――② リュシーです。

◎ ici：副詞「ここに、ここで」

③ なにが起こっていますか？

◎se passer：「起こる」。実はまだやっていない代名動詞という種類の動詞。Leçon 12 でやるのでお楽しみに…。

④ きみはだれを探しているの？　――⑤ わたしのおじを探してるんだ。

◎ chercher：-er 動詞「探す」

⑥ あなたはなにを探しているんですか？

――⑦ わたしのパスポートを探しています。

◎ passeport ♠：「パスポート」。フランス語では最後の t を読まないことにあらためて注意。

⑧ あなたはだれに電話をするんですか？

――⑨ わたしはわたしの教授に電話をします。

◎ professeur ♠：「教授」

⑩ きみはだれと話しているの？　――⑪ わたしは竹蔵と話してるんだ。

⑫ きみたち、なにについて話しているの？

――⑬ わたしたち、ゴダールのある映画について話しているんだ。

《三姉妹物語》

Hélène téléphone à Vincent.
エレーヌ テレフォンヌ ア ヴァンサン

Hélène : **Allô, Vincent ? C'est Hélène. La sœur de Catherine.**
アロ ヴァンサン セ エレーヌ ラ スーる ド キャトりーヌ

Vincent : **Ah, salut, Hélène. Qu'est-ce qui se passe ?**
ア サリュ エレーヌ ケ ス キ ス パッス

H : **Écoute, tu peux finir ton travail un peu plus tôt ce soir ?**
エクット テュ プ フィニーる トン トらヴァイユ アン プ プリュ ト ス ソワーる

V : **Oui, je peux, peut-être. Pourquoi ?**
ウィ ジュ プ プテートる プるクワ

H : **Parce que je veux aller au cinéma avec toi, il y a un bon film anglais.**
パるス ク ジュ ヴ アレ オ スィネマ アヴェック トワ イリヤ アン ボン フィルム アングレ

Il faut absolument le voir !
イル フォー アプソリュマン ル ヴォワーる

V : **Ça commence à quelle heure ?**
サ コマンス ア ケルーる

H : **À six heures trente. Dans le cinquième arrondissement.**
ア スィズーる トらント ダン ル サンキエム アろンディッスマン

V : **Quelle heure est-il ? Oh ! il est déjà six heures !**
ケルーレティル オー イレ デジャ スィズーる

Il faut partir tout de suite alors.
イル フォー パるティーる トゥ ド スュイット アローる

Et puis il faut vingt minutes pour aller dans le cinquième aujourd'hui, parce qu'il neige.
エ ピュイ イル フォー ヴァン ミニュット プーる アレ ダン ル サンキエム オジュるデュイ パるス キル ネージュ

H : **Viens vite ! Tu peux bien arriver ici à six heures et demie ?**
ヴィアン ヴィット テュ プ ビアン アりヴェ イスィ ア スィズーる エ ドミ

V : **Je ne sais pas. Ça va être un peu difficile d'arriver à l'heure...**
ジュ ヌ セ パ サ ヴァ エートる アン プ ディフィスィル ダりヴェ ア ルーる

Mais Hélène, qui vient avec nous ? Tes sœurs ne viennent pas ?
メ エレーヌ キ ヴィアン アヴェック ヌ テ スーる ヌ ヴィエンヌ パ

H : **Non, malheureusement, elles ne peuvent pas venir...**
ノン マルーるーズマン エル ヌ プーヴ パ ヴニーる

Mais bon, je veux être seule avec toi, Vincent !
メ ボン ジュ ヴ エートる スル アヴェック トワ ヴァンサン

エレーヌがヴァンサンに電話する。

エレーヌ(H)：もしもし、ヴァンサン？　エレーヌです。カトリーヌの妹。

◎ allô：電話での表現「もしもし」

ヴァンサン(V)：ああ、やあ、エレーヌ。どうしたの？

◎ salut：くだけたあいさつ。「やあ」。
qu'est-ce qui se passe：直訳なら「なにが起きている？」

H：あのね、今晩ちょっと早く仕事終えられる？

◎ écoute：直訳だと「聞いて」だが、「ねえ」といったニュアンス。tôt：副詞「早く」

V：うん、できるよ、たぶん。どうして？

H：きみと映画に行きたいからだよ、いいイギリス映画があるの。絶対に見なくちゃ！

◎absolument：副詞「絶対に」。le：「それを」の意。Leçon 10 であつかう。
voir：不規則動詞「見る」。英語の see にあたる。

V：それって何時に始まるの？

◎ ça：会話や口語表現で頻繁に使う「それ」。

H：6時半。5区で。

◎ trente：「30」

V：(今) 何時だい？　うわ、もう6時か！　じゃあすぐに出なくちゃだな。

◎ déjà：副詞「もう、すでに」。tout de suite：「すぐに」

それに5区まで行くのに今日は 20 分かかるな、雪が降ってるからね。

◎ minute ♥：「分」。le cinquième：もちろんうしろの arrondissement を省略した形。

H：早くおいでよ！　6時半にちゃんとここに着ける？

◎ demi (e)：もとは形容詞で「半分の」。ここでは「1 時間の半分」の意味で「〜時半」。

V：わかんない。時間に着くのはちょっとむずかしそうだな…

◎ ça va être：c'est...と近接未来〈aller ＋不定詞〉を合体させた形。
à l'heure：「定刻に」。

でもエレーヌ、だれがぼくたちといっしょに来るの？　きみの姉妹たちは来ないの？

H：あいにく、彼女たち来られないのよ…でもいいの、あたし、きみとふたりきりになりたいんだもの、ヴァンサン！

◎ malheureusement：副詞「不幸にも、あいにくと」
seul (e)：形容詞「〜だけの、孤独な、単独の」

練習問題 9

カッコ内に適当な語を入れなさい。
単語もどんどん覚えよう！

（1）わたしは10時に到着することができる。
Je（　　　　　　）（　　　　　　）à dix heures.

（2）わたしたちは一台の車が欲しい。
Nous（　　　　　　）une voiture.

（3）権三郎は週末は働けない。
Gonzaburô ne（　　　　　　）pas（　　　　　　）le week-end.
◎週末♠：le（ル） week-end（ウィケンド）　定冠詞 le をつけると「毎週末」の意味。ce をつけると「今週末」になる。

（4）窓を開けてくれる？
（　　　　　　）（　　　　　　）ouvrir la fenêtre ?

（5）今日は寒い。
（　　　　　　）（　　　　　　）froid aujourd'hui.

（6）このコンサートのためには一台のピアノが必要だ。
（　　　　　　）（　　　　　　）un piano pour ce concert.
◎コンサート♠：concert（コンセーる）

（7）フランス語を話すのは難しい。
（　　　　　　）（　　　　　　）difficile de parler français.

（8）誰が歌っているの？
（　　　　　　）chante ?

（9）きみは何を食べているの？
（　　　　　　）（　　　　　　）tu manges ?

（10）彼は誰と出かけるの？
（　　　　　　）（　　　　　　）sort-il ?

発展問題 9

作文してみよう。
そして発音して覚えよう！

（1）わたしたちは一晩中踊りたい。
◎一晩中：toute la nuit（トゥット ラ ニュイ）

（2）カトリーヌはヴァンサンと映画に行きたくない。

（3）このケーキを食べていいですか？

（4）空港に行くのに電車で1時間かかる（必要だ）。
◎空港♠：l'aéroport（ラエろポーる）

（5）ひとつのケーキをつくるのは難しい。

（6）わたしの兄（弟）にきみの自転車を貸してやってくれる？

（7）ロシア語を習わなければならない。

（8）今晩、誰が来るの？

（9）誰をきみは愛しているの？

（10）誰について彼女たちは話しているんですか？

Leçon 10

1　人称代名詞

2　人称代名詞強勢形

10-1……人称代名詞

(1) 直接目的になるときの人称代名詞「わたしを、きみを…」

Tu aimes Vincent ? — Oui, je l'aime.
テュ エーム ヴァンサン ウィ ジュ レーム
きみ、ヴァンサンを愛してるの？ ——うん、彼を愛してる。

(2) 間接目的になるときの人称代名詞「わたしに、きみに…」

Tu téléphones à Vincent ?
テュ テレフォンヌ ア ヴァンサン
— Oui, je lui téléphone.
ウィ ジュ リュイ テレフォンヌ
きみ、ヴァンサンに電話するの？ ——うん、彼に電話する。

～が（主語）	～を（直接目的）	～に（間接目的）	～が（主語）	～を（直接目的）	～に（間接目的）
je ジュ わたしが	**me** ム わたしを	**me** ム わたしに	**nous** ヌ わたしたちが	**nous** ヌ わたしたちを	**nous** ヌ わたしたちに
tu テュ きみが	**te** トゥ きみを	**te** トゥ きみに	**vous** ヴ あなた（がた）が	**vous** ヴ あなた（がた）を	**vous** ヴ あなた（がた）に
il イル 彼が	**le** ル 彼を それを	**lui** リュイ 彼に 彼女に	**ils** イル 彼らが	**les** レ 彼らを 彼女らを それらを	**leur** ルーる 彼らに 彼女らに
elle エル 彼女が	**la** ラ 彼女を それを		**elles** エル 彼女らが		

「直接目的」とは aimer（エメ）だれだれ、というように、前置詞をはさまず動詞のあとに置くことのできる目的語。
「間接目的」とは téléphoner à（テレフォネ ア）だれだれ、というように、前置詞 à をはさんで動詞のうしろに置かれる目的語のことだ。
そこで、「ヴァンサンを」と言っていたところを「彼を」と言い換える場合に使うのが「直接目的となる人称代名詞」。Vincent（ヴァンサン）が le（ル）に言い換えられて動詞の前に入るわけだ。
「ヴァンサンに」と言っていたところを「彼に」と言い換える場合に使うのが「間接目的となる人称代名詞」だ。à Vincent（ア ヴァンサン）がまとめて lui（リュイ）に変わり、動詞の前に入るのだ。
ただし、これはいちおうの説明であって、日本語での「～を」「～に」という言い方が100%フランス語での「直接目的」「間接目的」に対応しているとはかぎらない。
たとえば -er 動詞 interroger（アンテろジェ）「たずねる」を使った文

Vincent interroge Catherine sur Lucie.
（ヴァンサン アンテろージュ キャトりーヌ スュる リュスィー）

は、訳すと「**ヴァンサンはリュシーについてカトリーヌにたずねる**」というふうに「カトリーヌに」となるが、それは日本語での便宜上そう言っているだけであって、フランス語ではこれは interroger だれだれ、というふうに直接目的語をとる動詞、ということに決められているので、この Catherine は「直接目的」なのである。
いずれにせよ、それぞれの動詞に直接目的語がくっつくのか、à をかならず入れて間接目的語がくっつくのかは、もともと決まっているので、迷ったら辞書でその動詞を調べて確認しよう。
「彼を」「彼女を」「彼ら・彼女らを」の le、la、les は定冠詞 le、la、les とまったく同じつづりだが、全然関係ない、別の言葉なのだ！
「人称代名詞」と「定冠詞」なのだから、おおちがいなのだ！
「彼ら・彼女らに」という leur も、「彼らの～」という所有形容詞 leur と同じつづりだが、これまたふたつはまったくの別物なのだ…
「別物なら同じつづりにすんな！　フランス語め！」という読者の皆さんの心の叫びが聞こえてきそうだが…わたしも同感ではある。

直接目的の例文

①**Je t'aime.**
ジュ テーム

②**Tu m'aimes ?**
テュ メーム

③**Tu l'aimes.**
テュ レーム

④**Nous t'aimons.**
ヌ テモン

⑤**Monsieur et Madame Martin aiment leurs enfants.**
ムッスュー エ マダム マるタン エーム ルーるザンファン

⇨ ⑥**Ils les aiment.**
イル レゼーム

⑦**Catherine prête sa petite voiture rouge à Lucie.**
キャトりーヌ プれット サ プティット ヴォワテューる るージュ ア リュスィー

⇨ ⑧**Elle la prête à Lucie.**
エル ラ プれっタ リュスィー

⑨**J'aime ta robe verte, elle est très jolie.**
ジェーム タ ろーブ ヴェるト エレ トれ ジョリ

—⑩**C'est vrai ? Alors, je vais la porter aujourd'hui.**
セ ヴれ アローる ジュ ヴェ ラ ポるテ オジュるデュイ

⑪**Vous pouvez prêter votre vélo à mon frère ?**
ヴ プヴェ プれテ ヴォートる ヴェロ ア モン フれーる

—⑫**Malheureusement, je viens de le prêter à ma tante.**
マルーるーズマン ジュ ヴィヤン ド ル プれテ ア マ タント

⑬**Vous allez visiter le musée d'Orsay ?**
ヴザレ ヴィズィテ ル ミュゼ ドるセー

—⑭**Non, je ne vais pas le visiter.**
ノン ジュ ヌ ヴェ パ ル ヴィズィテ

⑮**Céline et Thomas ont des problèmes, mais Vincent peut les aider.**
セリーヌ エ トマ オン デ プろブレム メ ヴァンサン プ レゼデ

⑯**Il y a un film indien très drôle, je veux le voir !**
イリヤ アン フィルム アンディアン トれ ドろル ジュ ヴ ル ヴォワーる

① わたしはきみを愛している。

◎英語の I love you. と比較すると、やはり語順がおおちがいなので注意しよう。「わたしを、きみを」などの代名詞になったらかならず動詞の前に入るのだ！

② きみはわたしを愛している？

③ きみは彼（彼女）（それ）を愛している。

◎ aimer の直前なので l' になってしまっているため、この文からだけでは le「彼を」なのか la「彼女を」なのか、はたまた「それを」という具合にモノをさしているのかわからない。こういうのが出てきたら、前後の文脈から判断する必要がある。

④ わたしたちはきみを愛している。

⑤ マルタン夫妻は彼らの子どもたちを愛している。

⇨⑥ 彼らは彼らを愛している。

◎ Monsieur et Madame Martin を ils に、deux enfants を les に言い換えている。

⑦ カトリーヌは彼女の小さな赤い車をリュシーに貸す。

⇨⑧ 彼女はそれをリュシーに貸す。

◎ une petite voiture rouge を la「それを」に言い換えている。

aller や venir、pouvoir や vouloir が出てきて一文に動詞が2つある場合、人称代名詞の位置はふたつの動詞の間となる。

⑨ わたしはきみの緑のワンピースが好きだな、それはとってもきれいだ。

◎ robe ♥：「ワンピース、ドレス」。vert (e)：形容詞「緑の」

――⑩ 本当？　じゃあ今日はそれを着ることにするよ。

◎ vrai (e)：形容詞「本当である」

⑪ あなたの自転車をわたしの兄（弟）に貸してくださいますか？

――⑫ あいにくと、それを今しがたわたしのおばに貸してしまったところです。

⑬ あなたはオルセー美術館を訪れるつもりですか？。

――⑭ いいえ、わたしはそれを訪れないつもりです。

◎否定文の語順に注意。やはり代名詞は直接かかわる動詞の直前。
visiter：-er 動詞「～を訪れる、訪問する」

⑮ セリーヌとトマはいくつか問題を抱えている、しかしヴァンサンが彼らを助けてあげられる。

◎ problème ♠：「問題」。aider：-er 動詞「助ける、手助けする」

⑯ とってもおかしいインド映画があるんだ、わたしはそれを見たいなあ！

◎ indien (ne)：形容詞「インドの」。drôle：形容詞「おかしい、滑稽な、おどけた」

間接目的の例文

①**Je te téléphone.**
ジュ トゥ テレフォンヌ

②**Tu me téléphones.**
テュ ム テレフォンヌ

③**Tu lui téléphones.**
テュ リュイ テレフォンヌ

④**Nous te téléphonons.**
ヌ トゥ テレフォノン

⑤**Monsieur et Madame Depardieu téléphonent à leurs enfants.** ⇨ ⑥**Ils leur téléphonent.**
ムッスュー エ マダム ドパるディュー テレフォンヌ ア ルーるザンファン　イル ルーる テレフォンヌ

⑦**Je n'obéis pas à ma tante.** ⇨ ⑧**Je ne lui obéis pas.**
ジュ ノベイ パ ア マ タント　ジュ ヌ リュイ オベイ パ

⑨**Catherine prête sa petite voiture rouge à Lucie.**
キャトりーヌ プれット サ プティット ヴォワテューる るージュ ア リュスィー

⇨ ⑩**Elle lui prête sa petite voiture rouge.**
エル リュイ プれット サ プティット ヴォワテューる るージュ

⑪**Invitons Catherine !**
アンヴィトン キャトりーヌ

—⑫**C'est une bonne idée ! Je vais lui téléphoner.**
セテュヌ ボニデ ジュ ヴェ リュイ テレフォネ

⑬**Ne montre pas cette photo à Vincent !**
ヌ モントる パ セット フォト ア ヴァンサン

—⑭**C'est trop tard ! Je viens de la lui montrer.**
セ トろ ターる ジュ ヴィアン ド ラ リュイ モントれ

⑮**Tes sœurs sont célibataires ? Tu peux leur demander ?**
テ スーる ソン セリバテーる テュ プ ルーる ドマンデ

⑯**L'anniversaire de Lucie est demain. Je veux lui offrir un cadeau.**
ラニヴェるセーる ド リュスィー エ ドマン ジュ ヴ リュイ オフりーる アン カドー

① わたしはきみに電話する。

② きみはわたしに電話する。

③ きみは彼（彼女）に電話する。

◎この文だけ見ると前後の文脈がわからないので、lui が「彼に」か「彼女に」なのかはわからないわけだ。

④ わたしたちはきみに電話する。

⑤ ドパルデュー夫妻は彼らの子どもたちに電話する。

⇨ ⑥ 彼らは彼らに電話する。

◎ leurs というのは「彼らの」という所有形容詞。leur は「彼らに」という人称代名詞。

⑦ わたしはわたしのおばに従わない。

⇨ ⑧ わたしは彼女に従わない。

◎文脈上 lui というのが女性だとわかれば、もちろん「彼女に」と訳す。

⑨ カトリーヌは彼女の小さな赤い車をリュシーに貸す。

⇨ ⑩ 彼女は彼女に彼女の小さな赤い車を貸す。

直接目的のときと同じで、間接目的のときも、aller や venir、pouvoir や vouloir が出てきて一文に動詞がふたつある場合、人称代名詞の位置はふたつの動詞の間となる。

⑪ カトリーヌを招待しよう！

——⑫ それはいい考えだ！　彼女に電話することにしよう。

◎ inviter：-er 動詞「招待する、招く」。inviter 人、という具合に直接目的語をとる。C'est une bonne idée！：英語の It is a good idea！にあたる表現。よく使うので覚えよう。

⑬ この写真をヴァンサンに見せないで！

◎「否定の命令文」を忘れてしまった人は 110 ページを見ておこう。

——⑭ 手遅れだよ！　わたしは今、彼にこれを見せたところなんだ。

◎ tard：副詞「遅く」。trop tard で「遅すぎる」。la は「この写真を」を指す。

⑮ きみの姉妹たちは独身かい？　彼女たちに訊いてくれるかい？

◎ célibataire：形容詞「独身の」「恋人がいない」

⑯ リュシーの誕生日は明日だ。わたしは彼女にひとつプレゼントをあげたい。

10-2……人称代名詞強勢形

Tu vas au cinéma ?
テュ ヴァ オ シネマ
Moi, je vais chez lui.
モワ ジュ ヴェ シェ リュイ
きみは映画に行くの？　わたしはね、彼の家に行くよ。

主語のとき	強勢形	主語のとき	強勢形
je	**moi** モワ	nous	**nous** ヌ
tu	**toi** トワ	vous	**vous** ヴ
il	**lui** リュイ	ils	**eux** ウー
elle	**elle** エル	elles	**elles** エル

ⓐ主語の強調

① **Tu vas au cinéma ?　Moi, je vais chez Jean.**
テュ ヴァ オ スィネマ　モワ ジュ ヴェ シェ ジャン

ⓑ C'est, Ce sont のあとで
セ ス ソン

② **Qui travaille ici ?　— C'est moi.**
キ トらヴァイユ イスィ　セ モワ

③ **Qui habite à Nice ?**
キ アビッタ ニース

— ④ **Ce sont eux, Céline et Thomas.**
ス ソン ウー セリーヌ エ トマ

ⓒ前置詞のあとで

⑤ **Je vais chez lui avec elles.**
ジュ ヴェ シェ リュイ アヴェッケル

ⓓ比較の que のあとで

⑥ **Takézô est plus grand que toi.**
タケゾー エ プリュ グらン ク トワ

⑦ **Madonna chante mieux que vous.**
マドンナ シャント ミュー ク ヴー

ある一定の場合に、je、tu、il、elle といった人称代名詞をそのままでは使えず、「強勢形」という特別な形に変えて使わないといけないことがある。

変化のしかたは左の表のとおりだ。

lui（リュイ）は、「間接目的」となる人称代名詞「だれだれに」のときの「彼に、彼女に」と同じつづりだが、これまたまったく別ものので、「強勢形」の lui（リュイ）は今度は「彼」しか表さず、「強勢形」の場合、「彼女」は elle（エル）なので気をつけよう。

「彼ら」eux（ウー）というのも忘れがちな語なのでよく覚えよう。

① きみは映画館に行くの？　わたしはね、ジャンの家に行くよ。
◎「きみはそうなんだろうが、わたしは」と対比を強調して強勢形を使っている。
chez：前置詞「～のところに（で）、～の家に（で）」

② だれがここではたらいているのですか？　――わたしです。

③ だれがニースに住んでいるのですか？

――④ 彼ら、セリーヌとトマです。

⑤ わたしは彼女たちといっしょに彼の家へ行きます。
◎ avec：これも「～とともに」という前置詞なので、強勢形がくっつく。

⑥ 竹蔵はきみより背が高い。

⑦ マドンナはあなた（がた）より歌がうまい。
◎比較のことを忘れた人は 102 ページへ allez ！

《三姉妹物語》

Hélène rencontre Lucie dans la rue.
エレーヌ らンコントる リュスィー ダン ラ りゅ

Lucie : **Tiens Hélène ! Qu'est-ce que tu fais là ?**
ティアン エレーヌ ケスク テュ フェ ラ
Quelle coïncidence !
ケル コワンスィダンス

Hélène : **Euh... ne le dis pas à Catherine, je vais voir un**
ウー ヌ ル ディ パ ア キャトりーヌ ジュ ヴェ ヴォワーる アン
film avec Vincent !
フィルム アヴェック ヴァンサン

L : **Comment ça ? Tu vas au cinéma avec lui ?**
コマン サ テュ ヴァ オ スィネマ アヴェック リュイ
Avec le copain de notre sœur ! (rire)
アヴェック ル コパン ド ノートる スーる リーる
C'est super ! C'est déjà comme un film...
セ スュペーる セ デジャ コマン フィルム
Tu l'aimes, Hélène ?
テュ レーム エレーヌ

H : **Ben, je ne sais pas... Simplement, je veux lui**
バン ジュ ヌ セ パ サンプルマン ジュ ヴ リュイ
téléphoner, je veux le voir, je veux entendre sa voix,
テレフォネ ジュ ヴ ル ヴォワーる ジュ ヴ アンタンドる サ ヴォワ
je veux lui parler...
ジュ ヴ リュイ パるレ

L : **Oh là là ! C'est déjà l'amour fou !**
オ ラ ラー セ デジャ ラムーる フー

H : **Catherine me parle de sa relation avec lui.**
キャトりーヌ ム パるル ド サ るラスィオン アヴェック リュイ
C'est en train de finir.
セタン トらン ド フィニーる
Alors, il va me choisir... C'est mon rêve.
アローる イル ヴァ ム ショワズィーる セ モン れーヴ

L : **C'est possible. Mais, en fait, il me téléphone**
セ ポッスィーブル メ アン フェット イル ム テレフォンヌ
de temps en temps.
ド タンザン タン

H : **Qui ? Vincent ? Lui, il t'aime ?!**
キ ヴァンサン リュイ イル テーム

L : **Je ne sais pas, moi ! ...C'est peut-être parce que je**
ジュ ヌ セ パ モワ セ プテートる パるス ク ジュ
suis la sœur de Catherine.
スュイ ラ スーる ド キャトりーヌ

H : **Moi aussi, je suis la sœur de Catherine !**
モワ オッスィ ジュ スュイ ラ スーる ド キャトりーヌ
Mais il ne me téléphone jamais...
メ イル ヌ ム テレフォンヌ ジャメ
(à elle-même) Ce n'est pas possible... il aime Lucie...
ア エル メーム ス ネ パ ポッスィーブル イレーム リュスィー

L : **Ne sois pas pessimiste, Hélène ! On ne sait pas**
ヌ ソワ パ ペスィミスト エレーヌ オン ヌ セ パ
encore !
アンコーる

エレーヌは通りでリュシーに出会う。

◎rencontrer だれだれ：「だれだれに出会う」-er 動詞。rue ♥：「道、通り」

リュシー（L）：あれ！　なにやってるの、エレーヌ？　なんて偶然！

◎ tiens：もともとは tenir「保つ、つかむ」の命令法だが、「おや」という驚きの間投詞。coïncidence ♥：「偶然の遭遇、一致」

エレーヌ（H）：ええと…カトリーヌには言わないで、あたしヴァンサンと映画見に行くの！

◎ le：Leçon 13 でやる中性代名詞「それを」。dis：不定詞は dire。不規則動詞「言う」

L：どういうこと？　彼と映画に行くの？　姉の彼氏と！（笑い）

◎ Comment ça ?：成句表現「それはどうして」。rire ♠：「笑い」

すごいじゃん！ それがすでにして映画みたい…彼を愛してるの、エレーヌ？

◎ comme 名詞：「〜のよう」

H：ううん、わからない…単に、彼に電話したくて、彼に会いたくて、彼の声を聞きたくて、彼に話しかけたいだけ…

◎ simplement：副詞「単純に」
voir だれだれ：直訳だと「だれだれを見る」→「だれだれに会う」。voix ♥：「声」

L：おやおや！　すでにして狂気の愛じゃんか！

◎ fou（folle）：形容詞「狂気の、常軌を逸した」

H：カトリーヌがあたしに、彼との関係について話してくれるの。もう終わりかかってるんだよ。
そしたら、彼があたしを選んでくれる…それがあたしの夢。

◎ être en train de 不定詞：「〜している最中だ」。rêve ♠：「夢」

L：ありうるかもね。でも、実はね、彼、あたしにときどき電話してくるんだよ。

◎ possible：形容詞「可能である」。en fait：成句「実は」。t を発音することが多い。de temps en temps：成句「ときどき」

H：だれが？　ヴァンサンが？　彼、あんたを愛してるの？！

◎ lui：この文頭の lui は、主語の il の強調。

L：知らないよ、あたしは！…たぶんあたしがカトリーヌの妹だからでしょ。

◎ moi：この moi も強調のための強勢形。

H：あたしだって、カトリーヌの妹よ！ なのに彼はあたしに 1 回も電話をよこさない…（ひとり言）ありえない…彼、リュシーを愛してるのね…。

◎ aussi：副詞「〜もまた、同じく」。moi aussi で「わたしも」。ne...jamais：「決して〜ない」。Ce n'est pas possible：直訳なら「それは可能でない」

L：悲観的にならないで、エレーヌ！　まだわからないじゃない！

◎ on：あいまいな主語を表す代名詞。三人称単数扱い。ここでは nous の意味。

練習問題 10

カッコ内に適当な語を入れなさい。
単語もどんどん覚えよう！

（1）わたしたちは彼女らを愛している。
Nous（　　　　）（　　　　）.

（2）わたしは彼らに電話をしない。
Je ne（　　　　）（　　　　）pas.

（3）ここに1着のきれいなワンピースがある。わたしはこれを喜和子に買うことにする。
Voilà une jolie robe. Je vais（　　　　）acheter à Kiwako.
◎エリジオンに注意しよう。

（4）わたしは彼に電話したところだ。
Je viens de（　　　　）téléphoner.

（5）わたしの両親はわたしに毎日電話してくる。
Mes parents（　　　　）（　　　　）tous les jours.

（6）わたしはひとつのりんごをもっている。わたしはそれを昼に食べるつもりだ。
J'ai une pomme. Je vais（　　　　）（　　　　）à midi.
◎昼に、正午に：à midi（ア ミディ）

（7）わたしたちは彼女を招待する。
Nous（　　　　）（　　　　）.

（8）彼女たちはわたしといっしょに彼のところに行く。
Elles（　　　　）chez（　　　　）avec（　　　　）.

（9）権三郎は彼らより金持ちだ。
Gonzaburô est（　　　　）riche（　　　　）（　　　　）.
◎エリジオンに注意しよう。

（10）誰？　――わたしです。
C'est qui ?　―― C'est（　　　　）.

発展問題 10

作文してみよう。

そして発音して覚えよう！

（1）エッフェル塔？　わたしはそれを訪問しない。

（2）彼らは彼女を招待しないつもりだ。

（3）きみが彼女に彼女の名前を訊いてくれない？

（4）わたしを手伝ってくれませんか？

◎手伝う、手助けする：aider（エデ）だれだれ

（5）一枚の写真がある。エレーヌはこれをヴァンサンに見せるつもりだ。

（6）彼はきみに電話したがっている。

（7）わたしは彼にきみの電話番号をあげていいかい？

（8）わたしたちの中で一番上手に歌うのはきみだ。

（9）あなたはニースに行くのですか？　わたしはね、わたしはカンヌに行くのです。

（10）彼女はフランス人だ、しかし、彼のほうは、彼はカナダ人です。

◎しかし：mais（メ）

COLUMN

「他人はオニ」

今Leçon 10で「わたしを」という「直接目的となる人称代名詞」や「彼に」などの「間接目的となる人称代名詞」についてやったわけだが、ひとつの文章に、これら2種類の要素がいっぺんに出てくるとき、どういう語順で並べるのか。それは規則があってあらかじめ決まっているのでいちおう説明しておこうと思う。

この規則について、手っ取り早く言えば「他人はオニ」と覚えるとよいのだ。「は？」というかんじだろうが、まあ、こういうことだ。

Catherine prête sa voiture à Lucie.
キャトリーヌ　プれット　サ　ヴォワテューる　ア　リュスィー
カトリーヌは自分の車をリュシーに貸す

ここで直接目的語は sa voiture「彼女の車を」、間接目的語は à Lucie「リュシーに」だ。見てみると両方とも三人称だ。sa voiture は「それを」で la となり、à Lucie は「彼女に」ということで lui になる。ここでポイント！「三人称」というものは、「彼、彼女、それ」なので、「わたし」でも「きみ」でもなく、つまり「他人なんだ！」と考える。この文章では直接目的語も間接目的語も両方とも三人称なので「他人」。というわけで、「他人はオニ！」の呪文に従い、代名詞で言い換えたときの語順は「それを（オ）」「彼女に（ニ）」となる。

Catherine la lui prête.　カトリーヌはそれを彼女に貸す
キャトリーヌ　ラ　リュイ　プれット

この場合 Catherine lui la prête. というふうには絶対にならない。なぜなら「他人はオニ！」と決まっているからなのだ！

では、他人じゃない要素が出てくる例も見ておこう。

Je donne ces fleurs à toi.　わたしはこれらの花をきみにあげる
ジュ　ドンヌ　セ　フルーる　ア　トワ

ここで直接目的語は ces fleurs「これらの花を」、間接目的語は à toi「きみに」で、それぞれ代名詞で言い換えると les「それらを」、te「きみに」となる。ここで注意！　ces fleurs は三人称だが、à toi は「きみに」なので二人称だ。つまり「他人」じゃないものが入っている！というわけで、「他人じゃない」なら、オニの反対「ニ・オ」なのだ！そんなわけで、代名詞で言い換えたときの語順は「きみに（ニ）」「これらを（オ）」となる。

Je te les donne.　わたしはきみにそれらをあげる
ジュ　トゥ　レ　ドンヌ

…いつか役に立つことがあるかもしれないので、だまされたと思ってこれを覚えておくといいのでは…？

Leçon 11

1　直説法複合過去

2　関係代名詞

3　指示代名詞

11-1……直説法複合過去「～した」

Barthez a mangé une pomme.
バるテズ　ア　マンジェ　ユヌ　ポンム
バルテズはひとつのリンゴを食べた。

まずは過去分詞のつくり方をマスターしよう。

a) chanter ⇨ **chanté** (シャンテ ⇨ シャンテ)　aimer ⇨ **aimé** (エメ ⇨ エメ)　aller ⇨ **allé** (アレ ⇨ アレ)
b) finir ⇨ **fini** (フィニーる ⇨ フィニ)　partir ⇨ **parti** (パるティーる ⇨ パるティ)
c) être ⇨ **été** (エートる ⇨ エテ)　avoir ⇨ **eu** (アヴォワーる ⇨ ユ)　venir ⇨ **venu** (ヴニーる ⇨ ヴニュ) prendre ⇨ **pris** (プらンドる ⇨ プり)　faire ⇨ **fait** (フェーる ⇨ フェ)

パターン❶　avoir を助動詞として使う

（大部分の動詞はこのパターン❶）

●chanter●

j'ai chanté ジェ　シャンテ わたしは歌った	**nous avons chanté** ヌザヴォン　シャンテ わたしたちは歌った
tu as chanté テュ　ア　シャンテ きみは歌った	**vous avez chanté** ヴザヴェ　シャンテ あなた（がた）は歌った
il a chanté イラ　シャンテ 彼は歌った	**ils ont chanté** イルゾン　シャンテ 彼らは歌った
elle a chanté エラ　シャンテ 彼女は歌った	**elles ont chanté** エルゾン　シャンテ 彼女らは歌った

要するに！

主語＋ avoir の現在形＋過去分詞　主語は～した

基本となるふたつの動詞 **être** あるいは **avoir** を助動詞として使い、そのうしろに過去分詞をくっつけてつくる過去の時制。助動詞が avoir のときと être のときと、パターンがひとつずつあるので順に見ていくが、まずは材料となる過去分詞のつくり方だ。

a) 第 1 群規則動詞と aller の場合：**-er 部分を -é にする。**

b) finir などの第 2 群規則動詞、partir など一部の不規則動詞は
-ir 部分を -i にする。

c) その他の不規則動詞の過去分詞は覚えるしかない〜！　ガーン…

主なものをあげておいたので、これぐらいは覚えておこう…。

パターン❶

ひとつめのパターンは avoir を助動詞として使うものだ。
形としては要するに、前に覚えた（ハズ！）の「ジェ、テュア、イラ、エラ…」のそれぞれのうしろに、過去分詞をくっつけてやればよいのだ！

訳し方はごらんのとおり、「主語は〜した」となる。
次ページに例文をどっさりご用意してございます。

avoir を助動詞として使う複合過去の例文

① **Barthez a mangé une pomme.**
バるテズ ア マンジェ ユヌ ポンム

② **Catherine a acheté un livre.**
キャトりーヌ ア アシュテ アン リーヴる

③ **Vincent n'a pas aimé ce livre.**
ヴァンサン ナ パ エメ ス リーヴる

④ **Vous avez mangé mon gâteau ?**
ヴザヴェ マンジェ モン ガトー

⑤ **Nous avons parlé du film.**
ヌザヴォン パるレ デュ フィルム

⑥ **Hélène a choisi une cravate pour Vincent.**
エレーヌ ア ショワズィ ユヌ クらヴァット プーる ヴァンサン

⇨ ⑦ **Hélène l'a choisie pour Vincent.**
エレーヌ ラ ショワズィ プーる ヴァンサン

⑧ **Lucie a donné des fleurs à ses parents.**
リュスィー ア ドネ デ フルーる ア セ パらン

⇨ ⑨ **Lucie leur a donné des fleurs.**
リュスィー ルーる ア ドネ デ フルーる

⑩ **Ils n'ont pas obéi à leur professeur.**
イル ノン パ オベイ ア ルーる プろフェッスーる

⇨ ⑪ **Ils ne lui ont pas obéi.**
イル ヌ リュイ オン パ オベイ

⑫ **Elle ne m'a pas regardé.**
エル ヌ マ パ るギャるデ

⑬ **Nous avons pris le métro pour aller au stade.**
ヌザヴォン プり ル メトろ プーる アレ オ スタッド

⑭ **Il a fait ce gâteau hier.**
イラ フェ ス ガトー イエーる

⑮ **Lucie a eu vingt-quatre ans il y a trois jours.**
リュスィー ア ユ ヴァントキャトらン イリヤ トろワ ジューる

① バルテズはひとつのリンゴを食べた。

② カトリーヌは 1 冊の本を買った 。

③ ヴァンサンはこの本を好まなかった。

◎否定文のときの語順もしっかり覚えよう。助動詞だけを ne と pas ではさむ。

④ あなた、わたしのケーキ食べました？

⑤ わたしたちはその映画について話した。

◎ parler de ＋ le film ＝ parler du film になっている。合体の規則を忘れた人は 78 ページへ。

⑥ エレーヌはヴァンサンのために 1 本のネクタイを選んだ。

「1 本のネクタイを」を直接目的となる人称代名詞で受けて「それ」にすると、語順は次のようになる。

⇨ ⑦ エレーヌはヴァンサンのためにそれを選んだ。

◎注意すべきは、助動詞に avoir を使う複合過去の文章ではなぜか、直接目的となる人称代名詞（この文では l' となっている la）の性数に、うしろの過去分詞を一致させるという法則があることだ。ここでは une cravate ＝ la なので choisi を女性形にしなければならない。形容詞を女性形にするときの要領と同じで choisie とするわけだ。

⑧ リュシーは自分の両親にいくつかの花をあげた。

「自分の両親に」を間接目的となる人称代名詞で受けて「彼らに」にすると、語順は次のようになる。

⇨ ⑨ リュシーは彼らにいくつかの花をあげた。

◎間接目的の場合は、うしろの過去分詞を性数一致させたりする必要はない。

⑩ 彼らは自分たちの教授に従わなかった。

これも「自分たちの教授に」を間接目的となる人称代名詞で受けてみよう。

⇨ ⑪ 彼らは彼に従わなかった。

◎語順はこうなる。〈人称代名詞＋助動詞〉 を ne と pas ではさむ。

⑫ 彼女はわたしを見なかった。

◎ regardé であって regardée ではないので、「わたし」が男性であることがわかる。

⑬ わたしたちはそのスタジアムへ行くのに地下鉄に乗った。

⑭ 彼はこのお菓子をきのうつくった。

◎ hier：副詞、ときに男性名詞♠「きのう」

⑮ リュシーは 3 日前に 24 歳になった。

◎ il y a ＋時の表現：「～前に」。il y a cinq minutes「5 分前に」

パターン❷ être を助動詞として使う
（行く、来るなどの「往来発着」の動詞はこのパターン❷）

Je suis allé à Paris.
ジュ スュイザレ ア パリ
オレ、パリに行ったぜ。

aller

je suis allé (e) ジュ スュイザレ わたしは行った	**nous sommes allé (e) s** ヌッソムザレ わたしたちは行った
tu es allé (e) テュ エ アレ きみは行った	**vous êtes allé (e) (s)** ヴゼットザレ あなた（がた）は行った
il est allé イレタレ 彼は行った	**ils sont allés** イル ソンタレ 彼らは行った
elle est allée エレタレ 彼女は行った	**elles sont allées** エル ソンタレ 彼女らは行った

要するに！

主語＋ être の現在形＋過去分詞（主語と性数一致） 主語は〜した

では、なにとなにとなにとなに…が「往来発着」の動詞なのか？

aller（**allé**） 行く
アレ アレ
partir（**parti**） 出発する
パるティーる パるティ
entrer（**entré**） 入る
アントれ アントれ
monter（**monté**） のぼる
モンテ モンテ
naître（**né**） 生まれる
ネートる ネ
rester（**resté**） とどまる
れステ れステ
devenir（**devenu**） 〜になる
ドゥヴニーる ドゥヴニュ

venir（**venu**） 来る
ヴニーる ヴニュ
arriver（**arrivé**） 到着する
アりヴェ アりヴェ
sortir（**sorti**） 出る
ソるティーる ソるティ
descendre（**descendu**） 降りる
デサーンドる デサンデュ
mourir（**mort**） 死ぬ
ムーりーる モーる
tomber（**tombé**） 落ちる
トンベ トンベ

パターン❷

「行く」「来る」などの「往来発着」の動詞とされているものについては、être を助動詞として使わなければならない。パターンとしては、要するに、前に覚えた「ジュスュイ、テュエ、イレ、エレ…」のそれぞれのうしろに、過去分詞をくっつけてやればよいのだ！

しかし！ être を助動詞として使う場合は、うしろにくっつける過去分詞を、主語に対して「性数一致」させなければならないのだ…。それがパターン❶よりちょっと面倒だが、もはやあきらめて慣れるしかない～！

では、どんな動詞がこのパターン❷を使うべき「往来発着」の動詞にあたるのか、まとめてみたぞ。
助動詞に être を使わなければならない「往来発着」の動詞の主なものを左にあげておいた。不定詞で列挙したが、カッコ内はその過去分詞だ。これだけ覚えておけば今のところじゅうぶんだろう！

entrer（アントれ）、monter（モンテ）、rester（れステ）、tomber（トンベ）は、どれも初登場の動詞だが、これらはみんな -er 動詞なので現在形の活用のしかたはもうわかるだろう。だろう？
devenir（ドゥヴニーる）については、venir（ヴニーる）の活用の頭に de をくっつければよいだけだ。そのほかの、まだやっていない動詞について、現在形の活用のしかたを知りたければ、辞書を引いてみよう。ちなみに Leçon 6-1 のコラムに、辞書について書いておいたので見てみてほしい。
では、être を助動詞として使う、「往来発着」の動詞の複合過去の例文を次ページにいろいろ取り揃えたので見に行こう。

êtreを助動詞として使う複合過去の例文

① **Je suis allé à Paris.**
ジュ　スュイザレ　ア　パり

② **Je ne suis pas allée à Nice.**
ジュ　ヌ　スュイ　パザレ　ア　ニース

③ **Vous êtes allé au Japon ?**
ヴゼットザレ　オ　ジャポン

④ **Vous êtes allée au Japon ?**
ヴゼットザレ　オ　ジャポン

⑤ **Vous êtes allés en France ?**
ヴゼットザレ　アン　フらンス

⑥ **Vous n'êtes pas allées en France ?**
ヴネット　パザレ　アン　フらンス

⑦ **Vincent est sorti avec elles.**
ヴァンサン　エ　ソるティ　アヴェッケル

⑧ **Catherine est sortie de sa chambre.**
キャトりーヌ　エ　ソるティ　ド　サ　シャーンブる

⑨ **Mon grand-père est mort il y a un an.**
モン　グらン　ペーる　エ　モーる　イリヤ　アンナン

⑩ **Ma grand-mère est morte la semaine dernière.**
マ　グらン　メーる　エ　モるト　ラ　スメーヌ　デるニエーる

⑪ **Nous sommes descendus du train à Marseille.**
ヌッ　ソム　デサンデュ　デュ　トらン　ア　マるセイユ

⑫ **Vincent est resté chez lui parce que sa mère est venue.**
ヴァンサン　エ　れステ　シェ　リュイ　パるス　ク　サ　メーる　エ　ヴニュ

① オレ、パリに行ったぜ。(話し手が男)

② アタシ、ニースに行かなかったのよ。(話し手が女)

◎パターン❶のときと同様、否定文の語順に注意。助動詞の部分を ne と pas ではさむ。

③ あなたは日本に行きましたか？（ひとりの男性に対して）

④ あなたは日本に行きましたか？（ひとりの女性に対して）

⑤ あなたがたはフランスに行きましたか？

(男性ひとり以上含む複数の人に対して)

⑥ あなたがたはフランスに行かなかったのですか？

(女性ばかりの複数の人に対して)

◎まあ、過去分詞に e や s がついたからといって、発音が変わるものは比較的少ないから、上の各例も耳で聞いただけでは同じだが…書くとちがいがわかる。

⑦ ヴァンサンは彼女たちといっしょに出かけた。

⑧ カトリーヌは自分の部屋から出た。

⑨ わたしの祖父は 1 年前に亡くなった。

⑩ わたしの祖母は先週亡くなった。

⑪ わたしたち(男性を含む)はマルセイユでその電車から降りた。

◎ train ♠：「電車」。発音が英語風にトレインとならないよう注意。あくまで「トらン」！

⑫ ヴァンサンは自分の家にとどまった、なぜなら彼の母が来たからだ。

複合過去の訳し方はとにかく「～した」！　「歌った」「行った」…とやればヨシじゃー！　あとでやる「半過去」（～していた）と、訳し方の区別をしっかりつけることが大事。

11-2……関係代名詞

(1) qui

J'ai un ami qui chante bien.
ジェ アンナミ キ シャント ビアン
わたしには歌のうまい男の友人がいる。

(2) que

Barthez écoute une chanson que je déteste.
バるテズ エクット ユヌ シャンソン ク ジュ デテスト
バルテズはわたしの大嫌いな歌を聴いている。

(1) **qui** 先行詞＋qui ＋動詞「～するナントカ」(先行詞は人、もの)

①**J'ai un ami. Il chante bien.**
ジェ アンナミ イル シャント ビアン
⇨ ②**J'ai un ami qui chante bien.**
ジェ アンナミ キ シャント ビアン
③**C'est un roman. Il est très intéressant.**
セタン ろマン イレ トれザンテれッサン
⇨ ④**C'est un roman qui est très intéressant.**
セタン ろマン キ エ トれザンテれッサン
⑤**Il y a une fille. Elle a mangé trente tartes.**
イリヤ ユヌ フィーユ エラ マンジェ トらント タるト
⇨ ⑥**Il y a une fille qui a mangé trente tartes.**
イリヤ ユヌ フィーユ キ ア マンジェ トらント タるト

(2) **que** 先行詞＋ que ＋主語＋動詞「～が～するナントカ」
(先行詞は人、もの)

⑦**Barthez écoute une chanson. Je déteste cette chanson.**
バるテズ エクット ユヌ シャンソン ジュ デテスト セット シャンソン
⇨ ⑧**Barthez écoute une chanson que je déteste.**
バるテズ エクット ユヌ シャンソン ク ジュ デテスト
⑨**Nous regardons des photos. Il a pris ces photos hier.**
ヌ るギャるドン デ フォト イラ プり セ フォト イエーる
⇨ ⑩**Nous regardons des photos qu'il a prises hier.**
ヌ るギャるドン デ フォト キラ プりーズ イエーる
⑪**J'ai mangé le gâteau. Takézô a fait ce gâteau ce matin.**
ジェ マンジェ ル ガトー タケゾー ア フェ ス ガトー ス マタン
⇨ ⑫**J'ai mangé le gâteau que Takézô a fait ce matin.**
ジェ マンジェ ル ガトー ク タケゾー ア フェ ス マタン

関係代名詞を4種類どどっとやってしまおう。
まずは **qui** と **que** から。このふたつに関しては、英語のなにになたるか考えるよりも、

· qui のあとはかならず動詞がくる
· que のあとはかならず〈主語＋動詞〉がくる、と覚えてしまうほうが早道だ。両方とも、先行詞は人でもものでもよい。

① わたしにはひとりの男の友人がいる。彼は歌がうまい。

この2文を合体させて、

⇨ ② わたしには歌のうまい男の友人がいる。

③ これはひとつの小説だ。それはとても興味深い。

⇨ ④ これはとても興味深いひとつの小説だ。

つぎの文には、さっきやったばかりの複合過去を使ってみた。

⑤ ひとりの女の子がいる。彼女は30個タルトを食べた。

⇨ ⑥ 30個タルトを食べたひとりの女の子がいる。

◎ trente：「30、30の」

つぎは que の例。que のあとは〈主語＋動詞〉がくるぞ。

⑦ バルテズはある歌を聴いている。わたしはこの歌が大嫌いだ。

⇨ ⑧ バルテズはわたしの大嫌いなある歌を聴いている。

◎ détester：-er 動詞「大嫌いである、嫌う」

関係代名詞 que 以下の部分を複合過去にする場合は、注意すべきことがある！

⑨ わたしたちは数枚の写真を見ている。彼がこれらの写真をきのう撮った。

⇨ ⑩ わたしたちは彼がきのう撮った数枚の写真を見ている。

◎ pris だった prendre の過去分詞がなぜ prises に？…関係代名詞 que のあとに登場する過去分詞は、先行詞に対して性数一致をしなければならないからなのだ！ ここでは des photos が女性名詞複数なので、pris に e と s がついて prises になるのだ！

⑪ わたしはそのお菓子を食べた。竹蔵が今朝このお菓子をつくった。

⇨ ⑫ わたしは、竹蔵が今朝つくったそのお菓子を食べた。

◎この場合は、先行詞 le gâteau が男性単数なので、que のうしろに出てくる過去分詞 fait も手を加えなくてよいわけだ。

過去分詞を先行詞に対して性数一致させるというこの規則は、ちょっとメンドウクサイが心に留めておいてほしい…。

(3) où

Elle va au bureau où Vincent travaille.
エル ヴァ オ ビューろー ウ ヴァンサン トらヴァイユ
彼女はヴァンサンのはたらいているオフィスに行く。

(4) dont

J'aime l'actrice dont il a parlé.
ジェーム ラクトりース ドンティラ パるレ
わたしは彼がその人について話した女優が好きだ。

(3) **où** 先行詞＋ où ＋主語＋動詞「～が～するナントカ」
(先行詞は場所、時)

① **Elle va au bureau. Vincent travaille dans ce bureau.**
エル ヴァ オ ビューろー ヴァンサン トらヴァイユ ダン ス ビューろー
⇨ ② **Elle va au bureau où Vincent travaille.**
エル ヴァ オ ビューろー ウ ヴァンサン トらヴァイユ
③ **Choisissez un jour. Vous allez au cinéma ce jour-là.**
ショワズィッセ アン ジューる ヴザレ オ スィネマ ス ジューる ラ
⇨ ④ **Choisissez le jour où vous allez au cinéma.**
ショワズィッセ ル ジューる ウ ヴザレ オ スィネマ

(4) **dont** 先行詞＋ dont ＋主語＋動詞（先行詞は人、もの）

de を含む関係代名詞。訳し方は場合によっていろいろ。

⑤ **J'aime une actrice. Il a parlé de cette actrice.**
ジェーム ユナクトりース イラ パるレ ド セッタクトりース
⇨ ⑥ **J'aime l'actrice dont il a parlé.**
ジェーム ラクトりース ドンティラ パるレ
⑦ **Le père de Mathieu est millionnaire. Mathieu aime pourtant les hamburgers.**
ル ペーる ド マチュー エ ミリオネーる マチュー エーム プるタン レ アンビュるグーる
⇨ ⑧ **Mathieu, dont le père est millionnaire, aime pourtant les hamburgers.**
マチュー ドン ル ペーる エ ミリオネーる エーム プるタン レ アンビュるグーる

つぎは **où** と **dont** だ。

- **où は先行詞が「場所か時」**で、うしろにはやはり〈主語＋動詞〉がくっつく。
- **dont は**ちょっと最初のうちわかりにくいかもしれない。**de がコミになっている関係代名詞**なのだ。dont が使われている文章をふたつに分解するとき、de＋先行詞、と考えるとわかりやすい。これもうしろに〈主語＋動詞〉がくっつく。先行詞は人でもものでもよい。

① 彼女はそのオフィスに行く。ヴァンサンはこのオフィスではたらいている。

⇨ ② 彼女はヴァンサンがはたらいているそのオフィスに行く。

③ ひとつ日を選んでください。あなた（がた）はその日に映画（館）に行く。

⇨ ④ あなた（がた）が映画（館）に行く日を選んでください。

⑤ わたしはある女優が好きだ。彼はこの女優について話した。

⇨ ⑥ わたしは、彼がその人について話した女優が好きだ。

◎これは素人考え（？）だと J'aime l'actrice qu'il a parlée. などとやってしまいそうだが、そうすると元の文章の parler de の de が消えてなくなってしまうのでダメ！なのだ。したがって、この parler de のような、かならず de をともなう成句などの表現が入っている部分を関係代名詞の中身にしたいなぁと思ったら、que ではなく dont を使わねばならないということなのだ。

⑦ マチューの父は百万長者だ。マチューはそれなのにハンバーガーが好きだ。

⇨ ⑧ マチューは、その父親が百万長者なのに、ハンバーガーが好きだ。

◎こっちの用法は英語の whose にあたると考えればわかりやすいのでは？
pourtant：副詞「それなのに、それでも、それにもかかわらず、しかし」
hamburger ♠：英語から入ってきた言葉なので発音がビミョウなかんじ。外来語はたいてい男性名詞であることもおさえておくと便利。

11-3……指示代名詞

Il y a une voiture. C'est celle de Jean.
イリヤ ユヌ ヴォワテューる セ セル ド ジャン
1台の車がある。それはジャンのだ。

	単数	複数
男性♠	**celui** スリュイ	**ceux** スー
女性♥	**celle** セル	**celles** セル

用法❶

① **Il y a une voiture. C'est celle de Jean.**
イリヤ ユヌ ヴォワテューる セ セル ド ジャン

② **J'ai dessiné le visage de Lucie et celui de Charles.**
ジェ デスィネ ル ヴィザージュ ド リュスィー エ スリュイ ド シャるル

用法❷

③ **Ceux qui ont fini leur travail peuvent sortir.**
スー キ オン フィニ ルーる トらヴァイユ プーヴ ソるティーる

④ **Tu téléphones à celle que tu as rencontrée hier ?**
テュ テレフォンヌ ア セル ク テュ ア らンコントれ イエーる

指示代名詞とは、ざっくり言えば、「それ」という言葉だが、単数か複数か、女性形か男性形かによって形が変わるので、4種類ございますよ。

用法は2種類あるので、それぞれ確認しよう。

用法❶

用法❶は、前に出た名詞を繰り返すことを避けるために使う用法。

① 1台の車がある。それはジャンのだ。

◎直訳で言うと celle de Jean で「ジャンのそれ」。voiture という名詞を繰り返さないために使っていて、voiture が女性名詞なので celui ではなく celle を使うわけだ。

② わたしは、リュシーの顔と、シャルルのそれを描いた。

◎「それ」と言っているのはもちろん「顔」のこと。visage ♠：「顔」
今度は男性名詞 visage を繰り返さないために celui を使っている。

用法❷

用法❷は、前に登場した名詞を受けるためではなくて、celui、celle、ceux、celles がいきなり出てきて、さらにそれに qui、que などの関係代名詞がくっつく用法。そういう場合は、「〜する人」「〜が〜する人」という具合に、celui、celle、ceux、celles が「人」という意味を持つので要注意。

③ 仕事を終えた人たちは出かけてよい。

◎ ceux というふうに男性複数を使っているので、男性をひとり以上含む「人たち」を表す。Ceux qui ont fini leur travail というところが主語部分である。長めの主語にもだんだんに慣れていこう。peuvent は pouvoir を活用した形だが、覚えているかな？　忘れた人は 142 ページ参照！

④ きみは、きみがきのう出会った女の人に電話するの？

◎今度は celle で女性単数だから「ひとりの女性」の意味。それに関係代名詞 que がくっついて、「きみが出会った女性」となっている。celle という女性形が関係代名詞 que の先行詞になっていて、かつ que の中身の〈主語＋動詞部分〉が「複合過去」なので、過去分詞 rencontré を先行詞 celle にあわせて性数一致させ、rencontrée になっているのだ！　「？」となった人は 179 ページをもう一度見ておいて！

《三姉妹物語》

Hélène rentre chez elle, Catherine l'attend.
エレーヌ らントる シェゼル キャトりーヌ ラタン

Catherine : **Ah, Hélène, tu rentres tard...Qu'est-ce que tu**
ア エレーヌ テュ らントる ターる ケスク テュ
as fait ce soir ?
ア フェ ス ソワーる

Hélène : **Salut Catherine, je suis allée au cinéma avec**
サリュ カトりーヌ ジュ スュイザレ オ スィネマ アヴェック
une amie, et après, j'ai dîné avec elle.
ユナミ エ アプれ ジェ ディネ アヴェッケル

C : **Ah oui, tu as vu quel film ?**
ア ウィ テュ ア ヴュ ケル フィルム

H : **Un film anglais qui est très triste. J'ai beaucoup**
アン フィルム アングレ キ エ トれ トりースト ジェ ボク
pleuré.
プルれ

C : **C'est justement celui que je veux voir. Je vais le voir**
セ ジュストマン スリュイ ク ジュ ヴ ヴォワーる ジュ ヴェ ル ヴォワーる
avec Vincent...
アヴェック ヴァンサン

H : **Euh...oui, c'est une bonne idée... Ah, j'ai rencontré**
ウー ウィ セテュヌ ボニデ ア ジェ らンコントれ
Lucie par hasard.
リュスィー パる アザーる

C : **C'est vrai ?　Au cinéma où tu es allée ?**
セ ヴれ オ スィネマ ウ テュ エ アレ

H : **Non, dans la rue... Elle m'a prêté le livre dont tu as**
ノン ダン ラ りゅ エル マ プれテ ル リーヴる ドン テュ ア
parlé.
パるレ

C : **Elle a déjà fini de le lire !　Quelle vitesse !　J'envie**
エラ デジャ フィニ ド ル リーる ケル ヴィテッス ジャンヴィ
ceux qui lisent très vite...
スー キ リーズ トれ ヴィット

H : **Moi, je lis beaucoup moins vite que Lucie...**
モワ ジュ リ ボク モワン ヴィット ク リュスィー

C : **Au fait, où as-tu dîné avec ton amie ?**
オ フェット ウ ア テュ ディネ アヴェック トナミ

H : **Au restaurant où nous sommes allées ensemble avec**
オ れストらン ウ ヌッ ソムザレ アンサーンブル アヴェック
Lucie il y a un mois.
リュスィー イリヤ アン モワ

C : **Ah, il est bien sympa, d'ailleurs très romantique**
ア イレ ビアン サンパ ダイユーる トれ ろマンティック
avec des bougies... C'est le resto où Vincent m'a fait
アヴェック デ ブジー セ ル れスト ウ ヴァンサン マ フェ
sa déclaration d'amour.
サ デクラらスィオン ダムーる

H : **Ah oui ?　C'est trop romantique, Catherine... !**
ア ウィ セ トろ ろマンティック カトりーヌ

Mais c'est Hélène qui a déclaré son amour à Vincent dans ce resto, ce
メ セ エレーヌ キ ア デクラれ ソナムーる ア ヴァンサン ダン ス れスト ス
soir-là !
ソワーる ラ

エレーヌは自分の家に帰る、カトリーヌが彼女を待っている。

◎ rentrer：-er 動詞「戻る、帰る」。「往来発着」の動詞の一種なので助動詞は être。

カトリーヌ（C）：あ、エレーヌ、遅いのね…。今日の夜は何をしたの？

◎直訳だと「あんたは遅くに戻る」

エレーヌ（H）：ああ、カトリーヌ、女友だちと映画に行ったんだ、そのあとその子と夕食したの。

◎ une amie なので「女友だち」。après：副詞「あとで」

C：あ、そうなの、なんの映画を見たの？

◎ vu：voir「見る」の過去分詞

H：とても悲しいイギリス映画。すごく泣いちゃった。

◎ triste：形容詞「悲しい」。pleurer：-er 動詞「泣く」

C：それ、まさにあたしが見たいと思ってるやつだ。ヴァンサンとそれ見に行こうっと…

◎ justement：副詞「まさに、ちょうど」。celui は film を指す。le も「それ＝その映画」。

H：う…うん、いい考えだね。あ、偶然リュシーに会ったよ。

◎ par hasard：「偶然に」。rencontrer だれだれ：「だれだれに出会う、知り合う、会う」

C：ホント？　あんたが行った映画館で？

H：ううん、道でよ…あの子、あんたが話してた本をあたしに貸してくれたよ。

◎ me は「わたしに」の me。間接目的なので prêté は e をつけなくてよい。

C：あの子、あれをもう読み終わったのね！ なんて速さ！ すごく速く読める人たちがうらやましいな。

◎ finir de 不定詞：「～し終える」。lire：「読む」。vitesse ♥：「速さ」
envier：-er 動詞「うらやむ」。lisent：lire「読む」を活用した形。

H：あたしは、リュシーよりはずっと読むのが遅いよ…

◎ lis：これも lire「読む」を活用した形。

C：ところで、お友だちとはどこで夕食したの？

◎ au fait：「ところで」。このときは例外的に、語尾の t を発音することが多い。

H：あたしたちがリュシーも連れて、ひと月前にいっしょに行ったあのレストランで。

C：ああ、あそこはすごくいいかんじね、しかもとてもロマンチック、ろうそくがあって…

◎ il：restaurant を指す。sympa：sympathique の略。d'ailleurs：「しかも」
bougie ♥：「ろうそく」

あれはヴァンサンがあたしに愛の告白をしたレストランなんだ。

◎ resto：restaurant の略。déclaration ♥：「宣言、告白」

H：そうなの？　ロマンチックすぎるじゃない、カトリーヌ！

しかしこの晩このレストランでヴァンサンに愛を打ち明けたのはエレーヌなのだ！

練習問題 11

カッコ内に適当な語を入れなさい。
単語もどんどん覚えよう！

(1) わたしは7時に自分の仕事を終えた。
J'(　　)(　　　　) mon travail à sept heures.

(2) 竹蔵は今日地下鉄に乗らなかった。
Takézô n'(　　　　)(　　　　)(　　　　　　) le métro aujourd'hui.

(3) エレーヌとリュシーは2年前に英国に行った。
Hélène et Lucie (　　　　)(　　　　) en Angleterre il y a deux ans.

(4) わたしたちの祖母は1週間前に亡くなった。
Notre grand-mère (　　　)(　　　) il y a une semaine.

(5) わたしにはとても速く走るひとりの女友だちがいる。
J'ai une amie (　　　　)(　　　　) très vite.

(6) わたしたちは竹蔵が昨日作ったケーキを食べている。
Nous mangeons le gâteau (　　　) Takézô a fait hier.

(7) これが、ヴィクトル・ユゴーがそこで死んだ家だ。
Voilà la maison (　　　　) Victor Hugo (　　　　)
(　　　　).

(8) わたしは、彼女がそれについて話したその本を持っている。
J'ai le livre (　　　　) elle a parlé.

(9) わたしのアパルトマンはヴァンサンのそれより大きくない。
Mon appartement est (　　　　) grand que
(　　　　) de Vincent.

(10) 音楽を愛する人たちがこの町を訪問したがっている。
(　　　　) qui aiment la musique (　　　　　)
visiter cette ville.

発展問題 11

作文してみよう。

そして発音して覚えよう！

(1) 竹蔵とバルテズはこのホラー映画を選んだ。

◎ホラー映画：film d'horreur（フィルム ドるーる）

(2) 喜和子と権三郎は今朝ニューヨークに着いた。

◎今朝：ce matin（ス マタン）

(3) ヴァンサンは彼らに従わなかった。

(4) わたしの姪は去年生まれた。

◎姪♥：nièce（ニエス）

(5) 彼の祖父は昨日 83 歳になった。

◎ 83 歳：quatre-vingt-trois ans（キャトる ヴァン トろワザン）

(6) わたしは、バルテズがいつも歌っているその歌が好きでない。

(7) リュシーはミラノまで行くバスに乗った。

◎〜まで：jusqu'à（ジュスカ）　◎ミラノ：Milan（ミラン）

(8) わたしたちは、権三郎がしばしばそこで食べているレストランを予約した。

(9) わたしにはその娘が数学の世界チャンピオンであるというひとりの男友だちがいる。

◎娘♥：fille（フィーユ）、 世界チャンピオン：le（ル）（la）（ラ） champion（シャンピオン） (ne)（ヌ） du（デュ） monde（モンド）

(10) これはわたしの車ではない、これはカトリーヌのだ。

I ♥
NY

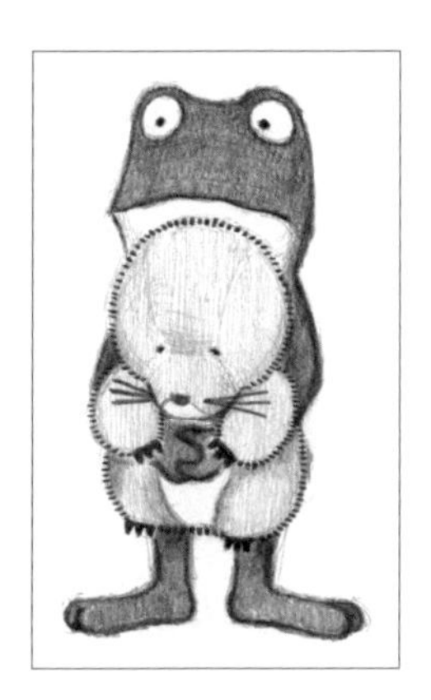

Leçon 12

1　代名動詞

2　直説法半過去

3　直説法大過去

4　直説法単純未来

5　直説法前未来

12-1……代名動詞

Je m'appelle Takézô.
ジュ　マペル　タケゾー
わたしは竹蔵という名です。

(1) 再帰的用法「自分を～する」

● **se coucher** ● 寝る、横になる
ス　クシェ

je me couche ジュ ム クッシュ わたしは寝る	**nous nous couchons** ヌ ヌ クション わたしたちは寝る
tu te couches テュ トゥ クッシュ きみは寝る	**vous vous couchez** ヴ ヴ クシェ あなた（がた）は寝る
il se couche イル ス クッシュ 彼は寝る	**ils se couchent** イル ス クッシュ 彼らは寝る
elle se couche エル ス クッシュ 彼女は寝る	**elles se couchent** エル ス クッシュ 彼女らは寝る

● **s'appeler** ● ～という名である
サプレ

je m'appelle ジュ マペル わたしは～という名である	**nous nous appelons** ヌ ヌザプロン わたしたちは～という名である
tu t'appelles テュ タペル きみは～という名である	**vous vous appelez** ヴ ヴザプレ あなた（がた）は～という名である
il s'appelle イル サペル 彼は～という名である	**ils s'appellent** イル サペル 彼らは～という名である
elle s'appelle エル サペル 彼女は～という名である	**elles s'appellent** エル サペル 彼女らは～という名である

「代名動詞」とは、活用形を見てみても、「代名動詞」という名称を聞いても、なんじゃそりゃ？というかんじだが、要するにこれは、主語と同じものを指す「直接目的語」か、あるいは「間接目的語」がコミになっている動詞のことだ。

(1) 再帰的用法は「自分を～する」というもの

たとえば〈coucher（クシェ）だれだれ〉なら「だれだれを寝かす」だが、代名動詞 se coucher（ス クシェ）は、語源的に言えば「自分を寝かす」ということなので →「寝る」の意味になる。不定詞のときのこの se（ス）が、主語と同じものを指す「直接目的語」であるわけだ。ちょっと厄介なのは、この se（ス）の部分も、主語にあわせて活用させなければならない点。左の活用表を見てほしい。je（ジュ） me couche（ム クッシュ）「わたしはわたしを寝かす → わたしは寝る」、tu te couches（テュ トゥ クッシュ）「きみはきみを寝かす → きみは寝る」…という具合になっているので、丸ごと覚えよう。この下の例も、〈appeler（アプレ）＋なんとか〉なら「なんとかを呼ぶ」だが、〈s'appeler（サプレ）＋なんとか〉は、「自分をなんとかと呼ぶ → なんとかという名前である」という意味になる。やはり s'（母音の直前なので se が s' になっているが）の部分が主語と同じものを指す「直接目的語」なのだ。〈je m'appelle（ジュ マペル）なんとか〉の「なんとか」の部分に自分の名前を入れて言ってみよう。これであなたもフランス語で自己紹介ができるぞ！

◎ se が「直接目的語」ではなく「間接目的語」にあたる場合もある。これは動詞しだいなのだ。coucher（クシェ）なら〈coucher（クシェ）だれだれ〉というふうに、目的語を直接くっつけるから「直接目的語」をとる動詞、とされているわけだが、たとえば verser（ヴェるセ）なら〈verser à（ヴェるセ ア）だれだれ〉というふうに前置詞 à を間に入れなければならないから「間接目的語」をとる動詞、とされている。
verser（ヴェるセ）を使った代名動詞 se verser（ス ヴェるセ）は「自分に注ぐ」という意味であり、je（ジュ） me verse（ム ヴェるス）、tu te verses（テュ トゥ ヴェるス）という具合に、se coucher（ス クシェ）などと同じような活用のしかたをするが、厳密に言えば se の部分が「間接目的語」であるという点で、se coucher などとはちょっと種類がちがうのである。

(2) 相互的用法「互いに～する」

①Nous nous aimons.
ヌ ヌゼモン

②Vous vous aimez.
ヴ ヴゼメ

③Ils (Elles) s'aiment.
イル エル セーム

④Ils (Elles) se téléphonent.
イル エル ス テレフォンヌ

(3) 受動的用法「～される」(主語はものだけ。人はダメ)

⑤Ce jouet se fabrique en Chine.
ス ジュエ ス ファブりっく アン シーヌ

(4) 本質的用法 (代名動詞の形しかないものなど)

〈se souvenir de ＋名詞〉
ス スヴニーる ド

⑥Je me souviens de ton cousin.
ジュ ム スヴィヤン ド トン クザン

〈se servir de ＋名詞〉
ス せるヴィーる ド

⑦Cet écrivain se sert de son ordinateur pour
セッテクりヴァン ス セーる ド ソノるディナトゥーる プーる

écrire son roman.
エクりーる ソン ろマン

代名動詞というと、やはり用法の代表選手は（1）再帰的用法「自分を（自分に）〜する」というやつだが、ほかにも3つ用法があるのでおさえておこう。

(2) 相互的用法は、主語はかならず複数で、「互いに〜する」というもの。

① わたしたちは愛し合っている（愛し合う）。

◎「互いに〜」という意味になるかどうかは、文脈しだいだ。文法的にはこの同じ文でも「わたしたちはそれぞれが自分を愛している、自分大好きである」と読むことも可能。

② あなたがたは愛し合っている（愛し合う）。

③ 彼ら（彼女ら）は愛し合っている（愛し合う）。

④ 彼ら（彼女ら）は電話をかけ合っている（かけ合う）。

◎ téléphoner「電話をかける」は téléphoner à だれだれ、というふうに「間接目的をとる動詞」なので、細かいことを言えばここでの se は「直接」ではなく「間接目的語」。191 ページの注も参照のこと。

(3) 受動的用法は、ものを主語にして「〜される」と言い表すことができる用法。人を主語にすることはできない。これはフランス語に親しむうちに自然に慣れる…はず。

⑤ このおもちゃは中国でつくられている。

◎ jouet（ジュエ） ♠：「おもちゃ」。fabriquer（ファブリケ）：-er 動詞「つくる、製造する」

(4) 本質的用法とは、代名動詞の形（se つき）でしか存在しないものや、se がついて代名動詞になったとたん、もともとの動詞（se なしのとき）とは意味が変わってしまうものなどを指す。

se souvenir de「〜を思い出す、覚えている（かならず de を伴うので丸ごと覚えよう）」について言えば、souvenir という動詞はほとんど使わない。「ない」と言ってしまってもいいぐらい。souvenir という名詞ならあるが（♠「記憶」「思い出」「おみやげ」）。

⑥ わたしはきみのいとこのことを覚えているよ。

◎ cousin（クザン） ♠：「男のいとこ」（cousine（クズィンヌ） ♥は「女のいとこ」）

se servir de「〜を用いる（これもいつも de を伴う）」については、servir という動詞はあるにはあるが、それは「仕える」という動詞なので、se servir de になったときと意味がちがうのだ！注意しよう。

⑦ この作家は、小説を書くために自分のコンピュータを使う。

◎ ordinateur（オるディナトゥーる） ♠：「コンピュータ」

代名動詞の例文

①**Je me couche à vingt-trois heures.**
ジュ ム クッシュ ア ヴァント トろワズーる

②**Nous nous couchons très tôt.**
ヌ ヌ クション トれ ト

③**Il se réveille à sept heures.**
イル ス れヴェイユ ア セットゥーる

④**Elles se lèvent à dix heures.**
エル ス レヴ ア ディズーる

⑤**Comment t'appelles-tu ?（Comment vous appelez-vous ?）**
コマン タペル テュ コマン ヴザプレ ヴ

⑥**Je m'appelle Takézô.**
ジュ マペル タケゾー

⑦**Catherine et Vincent s'aiment.**
カトりーヌ エ ヴァンサン セーム

⑧**Hélène et Lucie se téléphonent.**
エレーヌ エ リュスィー ス テレフォンヌ

⑨**Vincent et Lucie se regardent.**
ヴァンサン エ リュスィー ス るギャるド

⑩**Le portugais se parle au Brésil.**
ル ポるテュゲ ス パるル オ ブれズィル

⑪**Vous vous souvenez de moi ?**
ヴ ヴ スヴネ ド モワ

⑫**Lucie se sert d'un crayon pour dessiner un mouton.**
リュスィー ス セール ダン クれヨン プーる デスィネ アン ムトン

代名動詞の命令法

ふつうの肯定文	命令法肯定形	命令法否定形
Tu te lèves. テュ トゥ レヴ きみは起きる	**Lève-toi !** レヴ トワ 起きろ！	**Ne te lève pas !** ヌ トゥ レヴ パ 起きるな！
Nous nous levons. ヌ ヌ ルヴォン わたしたちは起きる	**Levons-nous !** ルヴォン ヌ 起きよう！	**Ne nous levons pas !** ヌ ヌ ルヴォン パ 起きないにしよう！
Vous vous levez. ヴ ヴ ルヴェ あなた（がた）は起きる	**Levez-vous !** ルヴェ ヴ 起きてください！	**Ne vous levez pas !** ヌ ヴ ルヴェ パ 起きないでください！

① わたしは 23 時に寝る。
◎ 20 の読み方は「ヴァン」だが、端数がつくと「ヴァント‐いくつ」と読む。

② わたしたちはとても早く寝る。

③ 彼は 7 時に目覚める。
◎ réveiller（れヴェイエ）：-er 動詞「目覚めさせる」 → se réveiller（ス れヴェイエ）で「目覚める」。

④ 彼女たちは 10 時に起きる。
◎ lever（ルヴェ）：-er 動詞「上げる、立てる、起こす」 → se lever（ス ルヴェ）で「起床する、立ち上がる」。

⑤ きみ、なんていう名前？（あなた（がた）はなんというお名前ですか？）
◎疑問詞が文頭にきているので、そのうしろで主語と動詞を倒置させている。

⑥ わたしは竹蔵という名前です。

⑦ カトリーヌとヴァンサンは愛し合っている（愛し合う）。

⑧ エレーヌとリュシーは電話をかけ合っている（かけ合う）。

⑨ ヴァンサンとリュシーは見つめ合っている（見つめ合う）。
◎これも文脈しだい。「それぞれが（鏡かなんかで）自分を見つめている」となる場合も。

⑩ ポルトガル語はブラジルで話されている（話される）。
◎これは「受動的用法」の例。

⑪ あなた（がた）は、わたしのことを覚えていますか？
◎ se souvenir de を使った文。se souvenir de の活用は、辞書で調べてみよう。

⑫ リュシーは 1 頭の羊を描くのに 1 本の鉛筆を使う（使っている）。
◎ se servir de（servir）もちょっと変わった活用のしかたをするので要チェックだ。

命令法は左の表でごらんのとおりだ。

tu が命令法肯定形で toi という「強勢形」になったり、命令法否定形のときの語順がちょっとへんちくりんだったりするので注意しておこう！

代名動詞の複合過去

Lucie s'est levée à onze heures.
リュスィー　セ　ルヴェ　ア　オンズーる
リュシーは11時に起きた。

（1）se が「直接目的語」である場合

●**se lever**● 起床する、起き上がる
ス　ルヴェ

肯定形

je me suis levé(e) ジュ　ム　スュイ　ルヴェ わたしは起きた	**nous nous sommes levé(e)s** ヌ　ヌ　ソム　ルヴェ わたしたちは起きた
tu t'es levé(e) テュ　テ　ルヴェ きみは起きた	**vous vous êtes levé(e)(s)** ヴ　ヴゼット　ルヴェ あなた（がた）は起きた
il s'est levé イル　セ　ルヴェ 彼は起きた	**ils se sont levés** イル　ス　ソン　ルヴェ 彼らは起きた
elle s'est levée エル　セ　ルヴェ 彼女は起きた	**elles se sont levées** エル　ス　ソン　ルヴェ 彼女らは起きた

否定形

je ne me suis pas levé(e) ジュ　ヌ　ム　スュイ　パ　ルヴェ わたしは起きなかった	**nous ne nous sommes pas levé(e)s** ヌ　ヌ　ヌ　ソム　パ　ルヴェ わたしたちは起きなかった
tu ne t'es pas levé (e) テュ　ヌ　テ　パ　ルヴェ きみは起きなかった	**vous ne vous êtes pas levé(e)(s)** ヴ　ヌ　ヴゼット　パ　ルヴェ あなた（がた）は起きなかった
il ne s'est pas levé イル　ヌ　セ　パ　ルヴェ 彼は起きなかった	**ils ne se sont pas levés** イル　ヌ　ス　ソン　パ　ルヴェ 彼らは起きなかった
elle ne s'est pas levée エル　ヌ　セ　パ　ルヴェ 彼女は起きなかった	**elles ne se sont pas levées** エル　ヌ　ス　ソン　パ　ルヴェ 彼女らは起きなかった

代名動詞の複合過去について、真っ先に言えることは、代名動詞の場合、「助動詞は être（エートる）しか使わない！!！」ということだ。

ちょっと思い出してみよう。代名動詞でないふつうの動詞の場合、だいたいのものは助動詞に avoir（アヴォワーる）を使い、「往来発着」の動詞についてのみ助動詞に être を使ったが（忘れた人は171ページ参照！）、代名動詞の場合、代名動詞であるのなら、どの動詞でも助動詞に être を使うのだ！!！

そしてさらに注意すべきことは、代名動詞の se（ス）の部分（文法用語だとこの部分のことは「再帰代名詞」と呼ばれるが、ま、そんなことは覚えなくてヨイです）が、「直接目的語」である場合（se lever（ス ルヴェ）なら語源的に考えれば、自分「を」起こすだし、もともとの動詞 lever は前置詞をはさまずに〈lever だれだれ〉と言える動詞なので、se lever の se は「直接目的語である」と言える）、複合過去にするときに、過去分詞を主語の性・数にあわせてやらなければならないのだ！

だから左の表では je me suis levé(e)（ジュ ム スュイ ルヴェ）というふうに、カッコつきの e や s が書かれている。je「わたし」という人物が女なら、e をつけなければならないのだ。se lever の場合、e がついてもつかなくても発音は同じなのだが…。

ちなみに、se の部分が「間接目的語」ならば（たとえば se verser（ス ヴェるセ）など）過去分詞を主語の性・数にあわせなくてよいのだ。その例はつぎのページに活用表としてのせておくので参照してほしい。

助動詞 être の入る位置は左の表のとおり。

否定形だとさらに語順がこんがらがりそうなので、je ne me suis pas levé(e)（ジュ ヌ ム スュイ パ ルヴェ）など、とにかくひとつ丸暗記しておいて、あとはそれにもとづいて応用すればいいかと。全部覚えるというのが理想ではあるが…！

(2) seが「間接目的語」である場合

● se verser ● 自分に注ぐ
ス　ヴェるセ

je me suis versé ジュ　ム　スュイ　ヴェるセ わたしは自分に注いだ	**nous nous sommes versé** ヌ　ヌ　ソム　ヴェるセ わたしたちは自分たちに注いだ
tu t'es versé テュ　テ　ヴェるセ きみは自分に注いだ	**vous vous êtes versé** ヴ　ヴゼット　ヴェるセ あなた（がた）は自分（たち）に注いだ
il s'est versé イル　セ　ヴェるセ 彼は自分に注いだ	**ils se sont versé** イル　ス　ソン　ヴェるセ 彼らは自分たちに注いだ
elle s'est versé エル　セ　ヴェるセ 彼女は自分に注いだ	**elles se sont versé** エル　ス　ソン　ヴェるセ 彼女らは自分たちに注いだ

seが直接目的語の場合の例文

① **Je me suis levé à sept heures.**
ジュ　ム　スュイ　ルヴェ　ア　セットゥーる

② **Hélène s'est couchée à minuit.**
エレーヌ　セ　クシェ　ア　ミニュイ

③ **Catherine et Vincent se sont aimés.**
カトりーヌ　エ　ヴァンサン　ス　ソンテメ

④ **Nous nous sommes réveillées à neuf heures trente.**
ヌ　ヌ　ソム　れヴェイエ　ア　ヌヴーる　トらント

seが間接目的語の場合の例文

⑤ **Marianne s'est versé du jus d'orange.**
マリアンヌ　セ　ヴェるセ　デュ　ジュ　ドらンジュ

⑥ **Barthez s'est fabriqué un vélo.**
バるテズ　セ　フェブりケ　アン　ヴェロ

⑦ **Lucie et Vincent se sont téléphoné.**
リュスィー　エ　ヴァンサン　ス　ソン　テレフォネ

前ページで説明したとおり、se（ス）が「間接目的語」の場合は、複合過去にしたときに出てくる過去分詞を、主語の性・数にあわせてやらなくてよいのだ！ se（ス） verser（ヴェるセ）の場合、自分「に」注ぐであり、もともとの動詞verser（ヴェるセ）は「だれだれに注ぐ」というとき〈verser（ヴェるセ） à だれだれ〉というふうに前置詞 à をはさまねばならない動詞なので、この se（ス）は「間接目的語」なのだ。だから主語が女だったり複数だったりしても、versée（ヴェるセ）にしたりversés（ヴェるセ）にしたりしなくてよいのだ！
では、代名動詞の複合過去の例文をまとめていくつかあげておこう。

① わたしは 7 時に起きた。
◎この「わたし」は男性。levé（ルヴェ）に e（ウ）がついていないからである。

② エレーヌは真夜中の 12 時に寝た。
◎エレーヌは女性、この場合の se（ス）は直接目的語なので、過去分詞に e（ウ）がついて couchée（クシェ）。à（ア） minuit（ミニュイ） ♠：「真夜中に、午前零時に」

③ カトリーヌとヴァンサンは愛し合った。
◎男性が入っているので Catherine et Vincent は ils（イル）ということになり、aimé（エメ）には s だけがつく。

④ わたしたちは 9 時 30 分に目覚めた。
◎ réveillé（れヴェイエ）に e も s もついているので、ここでの nous（ヌ）というのは複数の女性からなるグループであるとわかる。

⑤ マリアンヌは自分にオレンジジュースを注いだ。
◎ se（ス） verser（ヴェるセ）「自分に注ぐ」の場合、se（ス）が間接目的なので、過去分詞を主語の性や数にあわせてやらなくてよい。ので、主語がマリアンヌ（女性）でも versé（ヴェるセ）に e（ウ）をつけなくてよい。

⑥ バルテズは自分に 1 台の自転車をつくった。

⑦ リュシーとヴァンサンは電話をかけ合った。
◎ se（ス） téléphoner（テレフォネ）の場合も se（ス）が間接目的なので、この文でも téléphonés（テレフォネ）としなくてよいのだ。

12-2……直説法半過去「～していた」

Je chantais dans la salle de bain.
ジュ シャンテ ダン ラ サル ド バン
わたしは浴室の中で歌っていた。

● **chanter** ●（第 1 群規則動詞 =-er 動詞）

je chantais ジュ シャンテ わたしは歌っていた	**nous chantions** ヌ シャンティオン わたしたちは歌っていた
tu chantais テュ シャンテ きみは歌っていた	**vous chantiez** ヴ シャンティエ あなた（がた）は歌っていた
il chantait イル シャンテ 彼は歌っていた	**ils chantaient** イル シャンテ 彼らは歌っていた
elle chantait エル シャンテ 彼女は歌っていた	**elles chantaient** エル シャンテ 彼女らは歌っていた

● **choisir** ●（第 2 群規則動詞 =-ir 動詞）

je choisissais ジュ ショワズィッセ わたしは選んでいた	**nous choisissions** ヌ ショワズィッスィオン わたしたちは選んでいた
tu choisissais テュ ショワズィッセ きみは選んでいた	**vous choisissiez** ヴ ショワズィッスィエ あなた（がた）は選んでいた
il choisissait イル ショワズィッセ 彼は選んでいた	**ils choisissaient** イル ショワズィッセ 彼らは選んでいた
elle choisissait エル ショワズィッセ 彼女は選んでいた	**elles choisissaient** エル ショワズィッセ 彼女らは選んでいた

● **être** の半過去 ● 形容詞などをつけて「～だった」　● **avoir** の半過去 ●「～を持っていた」

être		avoir	
j'étais ジェテ	**nous étions** ヌゼティオン	**j'avais** ジャヴェ	**nous avions** ヌザヴィオン
tu étais テュ エテ	**vous étiez** ヴゼティエ	**tu avais** テュ アヴェ	**vous aviez** ヴザヴィエ
il était イレテ	**ils étaient** イルゼテ	**il avait** イラヴェ	**ils avaient** イルザヴェ
elle était エレテ	**elles étaient** エルゼテ	**elle avait** エラヴェ	**elles avaient** エルザヴェ

「半過去」などと言うと「は?」と思ってしまうかもしれないが、要するに「〜していた」「〜だった」というように、過去における「進行形の動作」や「継続的な状態」を表す時制だ。
前にやった「複合過去」は、「〜した」と訳すと言ったが、それに対してこの半過去はとにかく「〜していた」「〜だった」と訳せばだいじょうぶだ。

前の「複合過去」は、il a chanté（イラ シャンテ）のように、動詞部分が〈助動詞＋過去分詞〉というふうに「組み合わさって」つまり「複合して」できていたから「複合過去」という名前だったのだが、この半過去はl chantait（イル シャンテ）というふうに動詞部分が1語だ。
現在形 il chante（イル シャント）のときとはまたちがう語尾に変化させてつくるわけだ。
語尾の変化のさせ方は左の表のとおり。
どの動詞も語尾が -ais、-ais、-ait、-ait、-ions、-iez、-aient、-aient となる。
ここにあげた chanter（シャンテ）、choisir（ショワズィーる）、および être（エートる）と avoir（アヴォワーる）から、まずは覚えていこう。

半過去：複合過去と対比させながら覚えよう

①**J'ai mangé une orange.**（複合過去）
ジェ　マンジェ　ユノらンジュ

②**Je mangeais une pomme.**（半過去）
ジュ　マンジェ　ユヌ　ポンム

③**Quand ma grand-mère est venue, je lui ai chanté une chanson.**（複合過去）
カン　マ　グらンメーる　エ　ヴニュ　ジュ リュイ　エ　シャンテ　ユヌ　シャンソン

④**Quand ma grand-mère est venue, je chantais dans la salle de bain.**（半過去）
カン　マ　グらンメーる　エ　ヴニュ　ジュ　シャンテ　ダン　ラ　サル　ド　バン

過去における継続的な状態「～だった」

⑤**Son gâteau était très grand.**
ソン　ガトー　エテ　トれ　グらン

⑥**Il y avait trente personnes dans la salle.**
イリヤヴェ　トらント　ぺるソンヌ　ダン　ラ　サル

⑦**Quand Vincent a commencé à travailler, son frère avait seize ans.**
カン　ヴァンサン　ア　コマンセ　ア　トらヴァイエ　ソン　フれーる　アヴェ　セーザン

「過去における習慣」を表す半過去の使い方

⑧**Quand j'étais petit, je chantais tous les jours.**
カン　ジェテ　プティ　ジュ　シャンテ　トゥ　レ　ジューる

⑨**Avant, je me réveillais très tôt.**
アヴァン　ジュ　ム　れヴェイエ　トれ　ト

① わたしはひとつのオレンジを食べた。

◎複合過去で書いてある場合は「〜した」と、「点」で表される過去として訳す。

② わたしはひとつのリンゴを食べていた。

◎半過去で書かれていたら、「〜していた」と、「線」で表される過去として訳す。

③ わたしの祖母が来たとき、わたしは彼女に１曲歌った。

◎ j'ai chanté は複合過去なので「〜した」。lui は「彼女に」ということ。前半 quand ma grand-mère est venue も複合過去。quand は「いつ？」という疑問詞として学んだが、ここでは〈quand 主語＋動詞〉で「だれだれが〜するとき」という表現。英語の when を思い出してもらうとわかりやすいかも。

動詞の venir(ヴニーる) は「往来発着」の動詞のひとつで、複合過去にするとき助動詞に être(エートる) を使い、その場合、過去分詞を主語の性・数に一致させるので、ここでは venue。

ここまで詳しく書いたのになんのことだかわからない人は！ 174 ページに戻ること！

④ わたしの祖母が来たとき、わたしは浴室の中で歌っていた。

◎chantais は半過去なので「〜していた」。

salle ♥：「部屋」。bain ♠：「風呂」「入浴」なので la salle de bain で「浴室」。

上のふたつの例での半過去は、過去における進行中の動作を表している。

⑤ 彼（彼女）のケーキはとても大きかった。

◎ gâteau が男性名詞なので son がくっつく。この文からだけでは「彼の」なのか「彼女の」なのかはわからない。

⑥ その部屋の中には、30 人いた。

◎ il y a の過去バージョンがこれ。「〜がある（いる）状態だった」という表現。

personne ♥：「人、人間」

⑦ ヴァンサンがはたらき始めたとき、彼の弟は 16 歳だった。

過去において「そのとき何歳だった」と言い表したいとき、avoir の半過去を使う。

◎ commencer(コマンセ) à(ア) 不定詞：「〜し始める」

もうひとつ、この「半過去」の訳し方として覚えておくと便利なのが「過去における習慣」というやつだ。これもべつに「〜していた」とやってしまってもだいじょうぶなのだが、「〜したものだった」などという訳語を知っておくと便利。

⑧ わたしが小さかった頃、わたしは毎日歌ったものだった。

◎ petit であって petite になっていないので、この je は男性であるとわかる。

⑨ 以前は、わたしはとても早く目が覚めたものだった。

◎ avant(アヴァン)：副詞「以前」。代名動詞もふつうに語尾だけ半過去にしてやればよいのだ。

12-3……直説法大過去「すでに〜していた（し終えていた）のだった」

J'avais mangé le gâteau.
ジャヴェ　マンジェ　ル　ガトー
わたしはそのケーキをすでに食べ終えていたのだった。

直説法大過去の作りかた

【avoir か être の直説法半過去】＋
【過去分詞（助動詞が être の場合は性数一致が必要）】

●**manger**●（助動詞として avoir を使うパターン）

j'avais mangé ジャヴェ　マンジェ わたしはすでに食べたのだった	**nous avions mangé** ヌザヴィオン　マンジェ わたしたちはすでに食べたのだった
tu avais mangé テュ　アヴェ　マンジェ きみはすでに食べたのだった	**vous aviez mangé** ヴザヴィエ　マンジェ あなた（がた）はすでに食べたのだった
il avait mangé イラヴェ　マンジェ 彼はすでに食べたのだった	**ils avaient mangé** イルザヴェ　マンジェ 彼らはすでに食べたのだった
elle avait mangé エラヴェ　マンジェ 彼女はすでに食べたのだった	**elles avaient mangé** エルザヴェ　マンジェ 彼女らはすでに食べたのだった

●**arriver**●（助動詞として être を使うパターン）

j'étais arrivé(e) ジェテ　アリヴェ わたしはすでに到着していた	**nous étions arrivé(e)s** ヌゼティオン　アリヴェ わたしたちはすでに到着していた
tu étais arrivé(e) テュ　エテ　アリヴェ きみはすでに到着していた	**vous étiez arrivé(e)(s)** ヴゼティエ　アリヴェ あなた（がた）はすでに到着していた
il était arrivé イレテ　アリヴェ 彼はすでに到着していた	**ils étaient arrivés** イルゼテ　アリヴェ 彼らはすでに到着していた
elle était arrivée エレテ　アリヴェ 彼女はすでに到着していた	**elles étaient arrivées** エルゼテ　アリヴェ 彼女らはすでに到着していた

まだ「ナントカ過去」があるのぉ～？とご不満でもあろうが、ある‼
ただ、ここでやる「大過去」はあくまでも「サブキャラ」で、メインになることはなく、「～した」の複合過去などの動作に対して、「それより前に行われた」動作・行為を言うために、つまり【時間差を表現するために】使うのがこの大過去なのだ。だから、基本的には「～の時には」「～した時には」などの表現といっしょに使う。

「複合過去」のときと同様、【助動詞＋過去分詞】で「複合して」つくる時制なので、やはり「行く」「来る」などの「往来発着の動詞」のときには、助動詞はêtre！ そしてやはり「性数一致」も必要だ！

直説法大過去の例文：複合過去と対比させながら覚えよう

① **Quand elles sont arrivées à la gare,** （複合過去）
カン エル ソン アリヴェ ア ラ ギャーる

le train était déjà parti. （大過去）
ル トらン エテ デジャ パるティ

② **Quand Gonzaburô est rentré,** （複合過去）
カン ゴンザブロー エ らントれ

sa famille avait déjà dîné. （大過去）
サ ファミーユ アヴェ デジャ ディネ

複合過去と大過去のちがいをつかもう

③ **À neuf heures, Lucie était arrivée à son bureau.** （大過去）
ア ヌヴーる リュスィー エテ アりヴェ ア ソン ビュろ

④ **À neuf heures, Lucie est arrivée à son bureau.** （複合過去）
ア ヌヴーる リュスィー エ アりヴェ ア ソン ビュろ

⑤ **Quand elles sont arrivées à la gare,** （複合過去）
カン エル ソン アりヴェ ア ラ ギャーる

le train est parti. （複合過去）
ル トらン エ パるティ

① 彼女たちが駅に着いたとき、
その電車はすでに出発してしまっていた。

◎大過去の文には déjà「すでに」という副詞をはさむことは多いが、dejà がなくても、主節の動作が行われるそのまえにすでに、というニュアンスは、大過去の中に含まれている。

② 権三郎が帰宅したとき、
彼の家族はすでに夕食をとってしまっていた。

③ 9時には、リュシーは自分のオフィスに到着していた。

◎大過去で言っている場合、9時よりも前に到着していたという意味。

④ 9時に、リュシーは自分のオフィスに到着した。

◎複合過去なので「～した」というわけだ。

⑤ 彼女たちが駅に着いたとき、
その電車は出発した。

◎「～するとき」の節と主節とが、両方とも複合過去なら、基本的には「同時」ということをあらわす。彼女たちが駅に着いた瞬間に電車が行ってしまった、非常に惜しい状況。①の大過去の場合は、ずいぶん前に電車は出てしまっていたので、まあ惜しくもなんともないくらいの状況だということを感じ取ってもらえればいいなと！

12-4……直説法単純未来「〜するだろう」

Vincent me choisira.
ヴァンサン　ム　ショワズィら
ヴァンサンはわたしを選ぶだろう。

● chanter ●

je chanterai ジュ　シャントれ わたしは歌うだろう	**nous chanterons** ヌ　シャントろン わたしたちは歌うだろう
tu chanteras テュ　シャントら きみは歌うだろう	**vous chanterez** ヴ　シャントれ あなた（がた）は歌うだろう
il chantera イル　シャントら 彼は歌うだろう	**ils chanteront** イル　シャントろン 彼らは歌うだろう
elle chantera エル　シャントら 彼女は歌うだろう	**elles chanteront** エル　シャントろン 彼女らは歌うだろう

● finir ●

je finirai ジュ　フィニれ わたしは終えるだろう	**nous finirons** ヌ　フィニろン わたしたちは終えるだろう
tu finiras テュ　フィニら きみは終えるだろう	**vous finirez** ヴ　フィニれ あなた（がた）は終えるだろう
il finira イル　フィニら 彼は終えるだろう	**ils finiront** イル　フィニろン 彼らは終えるだろう
elle finira エル　フィニら 彼女は終えるだろう	**elles finiront** エル　フィニろン 彼女らは終えるだろう

● être の単純未来 ●「〜という状態になるだろう」

je serai ジュ　スれ	**nous serons** ヌ　スろン
tu seras テュ　スら	**vous serez** ヴ　スれ
il sera イル　スら	**ils seront** イル　スろン
elle sera エル　スら	**elles seront** エル　スろン

● avoir の単純未来 ●「〜を持つだろう」

j'aurai ジョれ	**nous aurons** ヌゾろン
tu auras テュ　オら	**vous aurez** ヴゾれ
il aura イロら	**ils auront** イルゾろン
elle aura エロら	**elles auront** エルゾろン

「単純未来」などとなっていて、これまた「は？」という気持ちになる文法用語だが、「フクザツ未来」などはないのでご安心くだされたく。これがふつうの「未来形」だと思ってくだされば。
以前に〈aller ＋不定詞〉でつくる「近接未来」を学んだが、今度の「単純未来」が本格的な未来形というかんじだ。でも「近接未来」も「単純未来」も根本的なちがいはあまりないような。相互入れ替えも可能なことが多い。

活用のしかたは左の表のとおり。
-er 動詞や -ir 動詞なら不定詞の最後の r を取り去って、-re で終わるものは re を取り去って、そこに各動詞に共通な単純未来の語尾 -rai、-ras、-ra、-ra、-rons、-rez、-ront、-ront をくっつければつくれる。しかし、単純未来になるときに形がガラリと変わるものもあるので注意。
être と avoir は左下に表をのせたとおりだが、ほかにも aller（アレ）が **j'irai**（ジれ）**「わたしは行くだろう」**に、venir（ヴニーる）が **je viendrai**（ジュ ヴィアンドれ）**「わたしは来るだろう」**、faire（フェーる）が **je ferai**（ジュ フれ）**「わたしはする（つくる）だろう」**、pouvoir（プヴォワーる）が **je pourrai**（ジュ プれ）**「わたしはできるだろう」**、vouloir（ヴロワーる）が **je voudrai**（ジュ ヴドれ）**「わたしは欲するだろう」**、voir（ヴォワーる）が **je verrai**（ジュ ヴェれ）**「わたしは見るだろう」**などにそれぞれなるので覚えよう。

訳し方は、未来形なので基本的に「〜するだろう」というかんじ。
あまり詳説するべきことがないなあ。

あ！二人称で単純未来を使って、やんわりした命令を表すことがある。

Tu me téléphoneras demain matin.
テュ ム テレフォヌら ドマン マタン
明日の朝、わたしに電話してちょうだい。
などだ。ま、例文は次のページでいろいろやればいいか！

そうそう、左に示した être と avoir の単純未来形もしっかり覚えておくよーに！
…覚えにくいけど。

直説法単純未来の例文

①**Je chanterai cette chanson devant tout le monde.**
ジュ　シャントれ　セット　シャンソン　ドヴァン　トゥ　ル　モンド

②**Nous finirons ce travail dans deux heures.**
ヌ　フィニろン　ス　トらヴァイユ　ダン　ドゥズーる

③**Takézô et Barthez iront en France demain.**
タケゾー　エ　バるテズ　イろン　アン　フらンス　ドマン

④**De la fenêtre, vous verrez la tour Eiffel.**
ド　ラ　フネートる　ヴ　ヴェれ　ラ　トゥーれっフェル

⑤**Vincent me choisira.**
ヴァンサン　ム　ショワズィら

⑥**Lucie leur téléphonera.**
リュスィー　ルーる　テレフォヌら

⑦**Vincent pourra aller chez Catherine vers vingt heures.**
ヴァンサン　プら　アレ　シェ　キャトりーヌ　ヴェる　ヴァントゥーる

⑧**Elles voudront manger de la viande après le tennis.**
エル　ヴドろン　マンジェ　ド　ラ　ヴィアンド　アプれ　ル　テニス

⑨**Nous nous lèverons à sept heures.**
ヌ　ヌ　レヴろン　ア　セットゥーる

⑩**Lucie aura bientôt vingt-quatre ans.**
リュスィー　オら　ビヤント　ヴァントキャトらン

⑪**Ils seront à Nice ce weekend.**
イル　スろン　ア　ニース　ス　ウィケンド

⑫**S'il fait beau demain, elle sera contente.**
スィル　フェ　ボー　ドマン　エル　スら　コンタント

⑬**Tu me téléphoneras demain matin.**
テュ　ム　テレフォヌら　ドマン　マタン

⑭**Tu feras la cuisine ce soir.**
テュ　フら　ラ　キュイズィーヌ　ス　ソワーる

⑮**Vous viendrez nous aider.**
ヴ　ヴィヤンドれ　ヌゼデ

① わたしはこの歌をみんなの前で歌うだろう。
◎ tout le monde：成句「みんな、すべての人」

② わたしたちは 2 時間後にこの仕事を終えるだろう。
◎ dans ＋時の表現：「〜後に」

③ 竹蔵とバルテズは明日フランスに行くだろう。
◎ iront：aller

④ 窓から、あなた（がた）はエッフェル塔をご覧になれるでしょう。
◎ verrez：voir

⑤ ヴァンサンはわたしを選ぶだろう。

⑥ リュシーは彼（女）らに電話するだろう。

⑦ ヴァンサンは20時頃カトリーヌの家に行くことができるだろう。
◎ pourra：pouvoir。vers：前置詞「〜頃」

⑧ 彼女たちはテニスのあとに肉を食べたがるだろう。
◎ voudront：vouloir

⑨ わたしたちは 7 時に起きるだろう。
◎代名動詞もふつうに語尾だけ単純未来にしてやればだいじょうぶ。

⑩ リュシーはもうじき 24 歳になる。

⑪ 彼らは今週末ニースにいるだろう。
◎ weekend ♠：英語から来た語なので男性名詞。英語から来た語なので語尾の d もいちおう発音。

⑫ もし明日晴れたら、彼女は満足だろう。
◎ si：英語の if「もし〜なら」。content (e)：形容詞「満足な、うれしい」

以下は、単純未来を二人称で使って、軽い命令を表す例。

⑬ 明日の朝、わたしに電話してちょうだい。

⑭ 今晩、あんたが料理してちょうだい。
◎ feras：faire。faire la cuisine：「料理する」

⑮ わたしたちを手助けしに来てください。
◎ venir ＋不定詞：「〜しに来る」

《三姉妹物語》

Vincent attendait Lucie dans un café. Lucie arrive.
ヴァンサン　アタンデ　リュスィー　ダンザン　キャフェ　リュスィー　アリーヴ

Vincent : **Ah, Lucie... tu travaillais aujourd'hui ?**
ア　リュスィー　テュ　トらヴァイエ　オジュるデュイ

Lucie : **Ben bien sûr ! J'étais devant l'ordinateur toute la journée !**
バン　ビアン　スューる　ジェテ　ドヴァン　ロるディナトゥーる　トゥット　ラ　ジュるネ

V : **Tu te lèves à quelle heure ?**
テュ　トゥ　レヴ　ア　ケルーる

L : **Normalement, je me lève à sept heures, mais ce matin, je me suis réveillée un peu plus tôt...Mais, c'est pour me demander ça que tu m'as appelée ?**
ノるマルマン　ジュ　ム　レヴ　ア　セットゥーる　メ　ス　マタン　ジュ　ム　スユイ　れヴェイエ　アン　プ　プリュ　ト　メ　セ　プーる　ム　ドマンデ　サ　ク　テュ　マ　アプレ

V : **Mais non... En fait, je vais rompre avec Catherine...**
メ　ノン　アン　フェット　ジュ　ヴェ　ろンプる　アヴェック　キャトりーヌ

L : **C'est vrai ? Alors, nous ne nous verrons plus ? c'est dommage...**
セ　ヴれ　アローる　ヌ　ヌ　ヌ　ヴェろン　プリュ　セ　ドマージュ

V : **Non, en fait... j'ai été avec Catherine pendant quatre ans, mais en réalité, c'est toi que je regardais.**
ノン　アン　フェット　ジェ　エテ　アヴェック　キャトりーヌ　パンダン　キャトらン　メ　アン　れアリテ　セ　トワ　ク　ジュ　るギャるデ

L : **Moi ? qu'est-ce que tu racontes, Vincent ?**
モワ　ケスク　テュ　らコント　ヴァンサン

V : **Je t'aime, Lucie, je t'aimerai toujours.**
ジュ　テーム　リュスィー　ジュ　テムれ　トゥジューる

L : **Mais... je ne sais pas comment faire... Tu a été le copain de ma sœur pendant quatre ans ! Je ne pourrai pas effacer cette idée.**
メ　ジュ　ヌ　セ　パ　コマン　フェーる　テュ　ア　エテ　ル　コパン　ド　マ　スーる　パンダン　キャトらン　ジュ　ヌ　プれ　パ　エファセ　セッティデ

V : **Lucie, dis-moi franchement tes sentiments.**
リュスィー　ディ　モワ　フらンシュマン　テ　サンティマン

L : **Mais... Hélène t'aime aussi. Tu savais ça ?**
メ　エレーヌ　テーム　オッスィ　テュ　サヴェ　サ

V : **Oui. En fait, elle m'a déclaré son amour avant-hier. Mais moi, c'est toi que j'aime.**
ウィ　アン　フェット　エル　マ　デクラれ　ソナムーる　アヴァンティエーる　メ　モワ　セ　トワ　ク　ジェーム

L : **Ah mon dieu ! Qu'est-ce que nous allons devenir, nous les trois sœurs ?**
ア　モン　デュ　ケスク　ヌ　ザロン　ドヴニーる　ヌ　レ　トろワ　スーる

ヴァンサンがあるカフェでリュシーを待っていた。リュシーがやってくる。

◎ attendait は attendre「待つ」の半過去。

ヴァンサン（V）：あ、リュシー、今日ははたらいてたの？

◎ travailler の半過去を使っている。

リュシー（L）：そりゃもちろんよ！　一日中コンピュータの前にいたよ。

◎「過去の継続的な状態」を表すため être の半過去。toute la journée：成句「一日中」

V：きみ、何時に起きるの？

◎ふつうに代名動詞の現在形。

L：ふつうは７時に起きるんだけど、でも今朝はもうちょっと早く目が覚めちゃった。でもさ、あたしにそんなこと訊くために呼び出したわけ？

◎ normalement：副詞「ふつうは、ふだんは」。je me suis réveillée：代名動詞の複合過去。appeler：「呼ぶ、電話する」のほかに「呼び出す」

V：ちがうよ…実はぼくは、カトリーヌと別れるつもりなんだ…。

L：本当？　じゃああたしたちもうお互いに会わなくなるの？
残念だね…。

◎ Nous ne nous verrons plus：代名動詞 se voir「互いに見る＝会う」の単純未来の否定形。c'est dommage：「残念だ」。定番表現。

V：ちがうんだ、実は…ぼくは４年間カトリーヌとつきあっていたけど、本当は、きみなんだ、ぼくが見つめていたのは。

◎ j'ai été avec Catherine：直訳なら「カトリーヌといっしょにいた」

L：あたしを？　なに言ってんの、ヴァンサン？

◎ raconter：-er 動詞「物語る」。qu'est-ce que tu racontes ? は「なにバカ言ってるんだ」のかんじ。

V：きみを愛しているんだ、リュシー、ずっと愛するだろう。

L：そんな…どうすればいいかわかんないよ。きみは４年間もあたしの姉さんの彼氏だったんだから。その考えを消すことはできないだろうし。

◎ je ne sais pas「知らない、わからない」＋ comment faire「どのようにするか」
pourrai：pouvoir の単純未来。effacer：-er 動詞「消す」

V：リュシー、きみの気持ちを正直に教えてくれ。

◎ franchement：副詞「率直に」。sentiment：「感情」

L：でも…エレーヌもきみを愛してるんだよ。知ってた？

◎ savais：savoir「知っている」の半過去。

V：ああ。実は、彼女はぼくにおととい愛を告白したんだ。でもぼくのほうでは、愛してるのはきみなんだ。

◎ déclarer：-er 動詞「宣言する、告白する」。c'est toi que j'aime：強調構文。

L：ああなんてこと！　あたしたち三姉妹はどうなっちゃうんだろう？

◎ mon dieu：Oh my god ! の仏語版。後半直訳「何になってしまうのか」。

12-5……直説法前未来「すでに～している（し終えている）だろう」

J'aurai mangé le gâteau.
ジョれ　マンジェ　ル　ガトー
わたしはそのケーキをすでに食べ終えているだろう。

直説法前未来の作りかた

【avoir か être の直説法単純未来】＋
【過去分詞（助動詞が être の場合は性数一致が必要）】

●**manger**●（助動詞として avoir を使うパターン）

j'aurai mangé ジョれ　マンジェ わたしはすでに食べ終えているだろう	**nous aurons mangé** ヌゾろン　マンジェ わたしたちはすでに食べ終えているだろう
tu auras mangé テュ　オら　マンジェ きみはすでに食べ終えているだろう	**vous aurez mangé** ヴゾれ　マンジェ あなた（がた）はすでに食べ終えているだろう
il aura mangé イロら　マンジェ 彼はすでに食べ終えているだろう	**ils auront mangé** イルゾろン　マンジェ 彼らはすでに食べ終えているだろう
elle aura mangé エロら　マンジェ 彼女はすでに食べ終えているだろう	**elles auront mangé** エルゾろン　マンジェ 彼女らはすでに食べ終えているだろう

●**arriver**●（助動詞として être を使うパターン）

je serai arrivé(e) ジュ　スれ　アりヴェ わたしはすでに到着しているだろう	**nous serons arrivé(e)s** ヌ　スろン　アりヴェ わたしたちはすでに到着しているだろう
tu seras arrivé(e) テュ　スら　アりヴェ きみはすでに到着しているだろう	**vous serez arrivé(e)(s)** ヴ　スれ　アりヴェ あなた（がた）はすでに到着しているだろう
il sera arrivé イル　スら　アりヴェ 彼はすでに到着しているだろう	**ils seront arrivés** イル　スろン　アりヴェ 彼らはすでに到着しているだろう
elle sera arrivée エル　スら　アりヴェ 彼女はすでに到着しているだろう	**elles seront arrivées** エル　スろン　アりヴェ 彼女らはすでに到着しているだろう

まだ「ナントカ未来」があるのぉ〜？とご不満でもあろうが、ある!!
ただ、ここでやる「前未来」はあくまでも「サブキャラ」で、メインになることはなく、「〜するだろう」の単純未来の動作などに対して、「それより前に行われているだろう」動作・行為を言うために、つまり【時間差を表現するために】使うのがこの前未来なのだ。だから、基本的には「〜の時には」「〜するだろう時には」などの表現といっしょに使う（このサブキャラ感が、大過去ととてもよく似ている！）。

「複合過去」のときと同様、【助動詞＋過去分詞】で「複合して」つくる時制なので、やはり「行く」「来る」などの「往来発着の動詞」のときには、助動詞は être！　そしてやはり「性数一致」も必要だ！

直説法前未来の例文：単純過去と対比させながら覚えよう

① **Quand elles arriveront à la gare,** （単純未来）
カン　エルザりヴろン　ア　ラ　ギャーる

le train sera déjà parti. （前未来）
ル　トらン　スら　デジャ　パるティ

② **Quand Gonzaburô rentrera,** （単純未来）
カン　ゴンザブロー　らントるら

sa famille aura déjà dîné. （前未来）
サ　ファミーユ　オら　デジャ　ディネ

〜してから〜するだろう、〜したあかつきには〜するだろう

③ **Sumako partira pour la France,** （単純未来）
スマコ　パるティら　プーる　ラ　フらンス

quand elle aura fini ses études. （前未来）
カン　エロら　フィニ　セゼテュード

単純未来と前未来のちがいをつかもう

④ **À neuf heures, Lucie sera arrivée à son bureau.** （前未来）
アヌヴーる　リュスィー　スら　アりヴェ　ア　ソン　ビュろ

⑤ **À neuf heures, Lucie arrivera à son bureau.** （単純未来）
アヌヴーる　リュスィー　アりヴら　ア　ソン　ビュろ

① 彼女たちが駅に着くだろうときには、
その電車はすでに出発してしまっているだろう。

◎前未来の文には déjà「すでに」という副詞をはさむことは多いが、dejà がなくても、主節の動作が行われるそのまえにすでに、というニュアンスは、前未来の中に含まれている。

② 権三郎が帰宅するだろうときには、
彼の家族はすでに夕食をとってしまっているだろう。

③ 須磨子はフランスに向けて発つだろう、
彼女が自分の学業を終えたあかつきには。

◎ quand の節に前未来が使ってあって、主節が単純未来のときには、「〜し終えるだろうときには」それから「〜するだろう」という内容をあらわしている。

④ 9時には、リュシーは自分のオフィスに到着しているだろう。

◎前未来で言っている場合、9時よりも前に到着しているだろうという意味。

⑤ 9時に、リュシーは自分のオフィスに到着するだろう。

◎単純未来なので9時に「〜するだろう」というわけだ。

練習問題 12

カッコ内に適当な語を入れなさい。
単語もどんどん覚えよう！

（1）喜和子と須磨子は互いに電話をかけあった。
Kiwako et Sumako（　　　　）（　　　　　　）
（　　　　　　）.

（2）目を覚ませ、バルテズ！
（　　　　　）-（　　　　）, Barthez !

（3）今晩は就寝しないことにしようぜ！
Ne（　　　　　　）（　　　　　）pas ce soir !

（4）リュシーは 22 歳だった時に英国に行った。
Lucie（　　　　）（　　　　　）en Angleterre quand elle
（　　　　）vingt-deux ans.

（5）以前は、カトリーヌとヴァンサンは毎晩電話をかけあっていた。
Avant, Catherine et Vincent（　　　　　）（　　　　　　）
tous les soirs.

（6）リュシーが到着したときには彼女の姉たちはそれらのケーキを食べてしまっていた。
Quand Lucie（　　　）（　　　　）, ses soeurs（　　　　　）（
　　　　）les gâteaux.

（7）わたしはこの夏フランスに行くだろう。
J'（　　　　　）en France cet été.

（8）リュシーは来週 24 歳になるだろう。
Lucie（　　　　　）vingt-quatre ans la semeine prochaine.

（9）エレーヌは 18 時には帰宅しているだろう。
Hélène（　　　　）（　　　　　　　）à dix-huit heures.

（10）彼は大学を出たら合衆国で働くだろう。
Il（　　　　　）aux État-Unis quand il（　　　　　）
（　　　　　）de l'université.

発展問題 12

作文してみよう。
そして発音して覚えよう！

（1）わたしの母は 11 時に就寝した。

（2）リュシーは自分にコーヒーを注いだ。

（3）彼女が小さかったころ、須磨子は毎週日曜日に彼女の祖父母のところに行っていた。

（4）わたしはホットココアをひとつ注文した、なぜならわたしは寒かったからだ。
◎注文する：commander（コマンデ）　◎ホットココア♠：chocolat chaud（ショコラ ショー）

（5）リュシーが帰宅したときには、彼女の両親はすでに就寝していた。

（6）カトリーヌは空港に到着した、しかしヴァンサンはもう発ってしまっていた。

（7）いつかバルテズはそのモグラを食べるだろう。
◎いつか：un jour（アンジューる）

（8）竹蔵とバルテズは明日の朝 7 時に起床するだろう。

（9）バルテズと竹蔵はフランスに着いたらチーズを食べるだろう。
◎チーズ：du fromage（デュ ふろマージュ）

（10）きみはきみの宿題を終えたときに出かけることができるだろう。

ZZZ...
ZZZ...

Leçon 13

1 受動態

2 中性代名詞

3 条件法現在

4 条件法過去

13-1……受動態「～される」

Lucie est frappée par Hélène.
リュスィー　エ　フらっペ　パーる　エレーヌ
リュシーはエレーヌに殴られる（ている）。

主語＋ être ＋過去分詞（主語に性・数一致）
＋ par/de 動作主　だれだれはだれだれによって～される

●**être frappé**● 殴られる（ている）（受動態の現在）
エートる　フらっペ

je suis frappé(e) ジュ　スュイ　フらっペ わたしは殴られる	**nous sommes frappé(e)s** ヌッソム　フらっペ わたしたちは殴られる
tu es frappé(e) テュ　エ　フらっペ きみは殴られる	**vous êtes frappé(e)(s)** ヴゼット　フらっペ あなた（がた）は殴られる
il est frappé イレ　フらっペ 彼は殴られる	**ils sont frappés** イル　ソン　フらっペ 彼らは殴られる
elle est frappée エレ　フらっペ 彼女は殴られる	**elles sont frappées** エル　ソン　フらっペ 彼女らは殴られる

●**avoir été frappé**● 殴られた（受動態の複合過去）
アヴォワール　エテ　フらっペ

j'ai été frappé(e) ジェ　エテ　フらっペ わたしは殴られた	**nous avons été frappé(e)s** ヌザヴォン　エテ　フらっペ わたしたちは殴られた
tu as été frappé(e) テュ　ア　エテ　フらっペ きみは殴られた	**vous avez été frappé(e)(s)** ヴザヴェ　エテ　フらっペ あなた（がた）は殴られた
il a été frappé イラ　エテ　フらっペ 彼は殴られた	**ils ont été frappés** イル　ゾン　エテ　フらっペ 彼らは殴られた
elle a été frappée エラ　エテ　フらっペ 彼女は殴られた	**elles ont été frappées** エル　ゾン　エテ　フらっペ 彼女らは殴られた

この章はまずは受動態からやっていこう。

囲みを見てみるとわかるとおり、基本的な構造は英語の受動態と同じなのだ。
しかし、フランス語の場合は、過去分詞をやはり主語の性と数に一致させてやらないといけないのでちょっとメンドウだが、この作業にもそうみんな慣れてきた頃かと思う（思いたい）。

英語の〈by だれだれ〉の by にあたるのが、par（パる）あるいは de（ド）という前置詞。par（パる）はこれまで par hasard（パる アザーる）「偶然に」とか par mois（パる モワ）（semaine（スメーヌ））「月（週）ごとに」という成句でしか登場していなかったが、par の主な意味として、この英語の by にあたる使い方もあるのだ。
では、par（パる）と de（ド）の使い分けはどうするのかという問題だが、de（ド）は、「家が塀に囲まれている」などの継続的状態や「わたしは彼に愛されている」などの感情にかかわるときに使われることがあるというものなのだ。このへんは次ページの例文で確認しよう。

まずは、受動態の現在形と、受動態の複合過去を表にしておいたので、しっかりおさえよう。

受動態だと、現在なのにまちがえて過去として訳してしまう人がよくいるので、ここはしっかりと区別をつけておかないといけない。
特に受動態の現在を、「能動態の複合過去」かなんぞと勘違いする人があるが、複合過去で助動詞として être（エートる）を使っていいのは「往来発着の動詞」だけだったはず。「往来発着の動詞」でもないのに、いっしょに être が出てきているぞ…という場合には、まず受動態と考えてよいだろう。

受動態の複合過去というのは、要するに être の部分が複合過去になっている形だ。

je suis（ジュ スュイ）→ j'ai été（ジェ エテ）というわけである。（été（エテ）とは être（エートる）の過去分詞。一度はやったはず！）
être という動詞自体は「往来発着の動詞」などではまったくないので、助動詞としては avoir（アヴォワーる）を使うのですぞ！

受動態の例文

① **Lucie est frappée par Hélène.**
リュスィー　エ　フらっぺ　パる　エレーヌ

② **Lucie a été frappée par Hélène.**
リュスィー　ア　エテ　フらっぺ　パる　エレーヌ

③ **Lucie sera frappée par Hélène.**
リュスィー　スら　フらっぺ　パる　エレーヌ

④ **Vincent est aimé d'Hélène.**
ヴァンサン　エテメ　デレーヌ

⑤ **Lucie est aimée de Vincent.**
リュスィー　エテメ　ド　ヴァンサン

⑥ **Catherine a été aimée de Vincent.**
カトりーヌ　ア　エテ　エメ　ド　ヴァンサン

⑦ **Catherine était aimée de Vincent.**
カトりーヌ　エテテメ　ド　ヴァンサン

⑧ **Barthez est grondé par Madame Robert.**
バるテズ　エ　グろンデ　パる　マダム　ろベーる

⑨ **Le pauvre agneau a été mangé par Barthez.**
ル　ポーヴる　アニョ　ア　エテ　マンジェ　パる　バるテズ

⑩ **Une mouche a été avalée par Takézô.**
ユヌ　ムーシュ　ア　エテ　アヴァレ　パる　タケゾー

① リュシーはエレーヌに殴られる（殴られている）。

◎現在。

② リュシーはエレーヌに殴られた。

◎複合過去。

③ リュシーはエレーヌに殴られるだろう。

◎ 222 ページでやっていないが、受動態の単純未来バージョンだ。

④ ヴァンサンはエレーヌに愛されている。

◎現在。ヴァンサンが男性なので aimé。

⑤リュシーはヴァンサンに愛されている。

◎現在。リュシーが女性なので aimée。

⑥ カトリーヌはヴァンサンに愛された。

◎複合過去。

⑦ カトリーヌはヴァンサンに愛されていた。

◎ 222 ページでやっていないが、受動態の半過去バージョン。

⑧ バルテズはロベール夫人に叱られる（叱られている）。

⑨ そのかわいそうな子羊はバルテズに食べられた。

◎ agneau ♠：「子羊」

⑩ 1 匹のハエが竹蔵に飲み込まれた。

◎ mouche ♥：「ハエ」

13-2……中性代名詞

(1) en

用法❶ 「それを、それらを」

Tu as des crayons ? — Oui, j'en ai.
テュ ア デ クれヨン ウィ ジャネ
きみ、鉛筆持ってる？ うん、持ってるよ。

① Tu as des crayons ?
テュ ア デ クれヨン
— ② Oui, j'ai des crayons. ／— ③ Non, je n'ai pas de crayons.
ウィ ジェ デ クれヨン ノン ジュネ パ ド クれヨン
⇨ — ④ Oui, j'en ai. ／ — ⑤ Non, je n'en ai pas.
ウィ ジャネ ノン ジュ ナネ パ
⑥ Voulez-vous du café ? — ⑦ Oui, j'en veux bien.
ヴレ ヴ デュ キャフェ ウィ ジャン ヴ ビアン
⑧ Combien de guitare as-tu ? — ⑨ J'ai cinq guitares.
コンビアン ド ギターる ア テュ ジェ サン ギターる
⇨ — ⑩ J'en ai cinq.
ジャネ サンク

用法❷ 「そこから、それについて、それの」

Vous allez à l'hôpital ? — Non, j'en suis revenu.
ヴザレ ア ロピタル ノン ジャン スュイ るヴニュ
あなたは病院へ行くのですか？ いいえ、そこから戻ってきました。

de ＋ナントカ「ナントカから」 ⇨ en「そこから」

⑪ Vous allez à l'hôpital ? — ⑫ Non, je suis revenu de l'hôpital.
ヴザレ ア ロピタル ノン ジュ スュイ るヴニュ ド ロピタル
⇨ ⑬ Non, j'en suis revenu.
ノン ジャン スュイ るヴニュ

de ＋ナントカ「ナントカについて」 ⇨ en「それについて」

⑭ Vincent a parlé de l'exposition ?
ヴァンサン ア パるレ ド レクスポズィスィオン
— ⑮ Oui, il a parlé de l'exposition.
ウィ イラ パるレ ド レクスポズィスィオン
⇨ ⑯ Oui, il en a parlé.
ウィ イランナ パるレ

de ＋ナントカ「ナントカの」 ⇨ en「それの」

⑰ C'est un roman intéressant, mais j'ai oublié le titre de ce roman.
セタン ろマン アンテれっサン メ ジェ ウブリエ ル ティートる ド ス ろマン
⇨ ⑱...mais j'en ai oublié le titre.
メ ジャネ ウブリエ ル ティートる

中性代名詞 **en** には、用法が大きく分けて２種類ある。比較的カンタンなほうから見てみよう。「それを」と言いたいとき、すでに習った言い方では le「彼を、それを」、la「彼女を、それを」、les「彼ら、彼女らを、それらを」というのがあった。156 ページ参照。

しかし！　不定冠詞 un、une、des や、部分冠詞 du、de la、否定の冠詞 de のついた名詞に関して「それを」と言いたいときには、le、la、les を使って「それを、それらを」と言ってはダメで、代わりにこの中性代名詞 en を使うのだ！

①きみ、(いくつかの) 鉛筆持ってる？

— ②うん、(いくつかの) 鉛筆持ってるよ。／— ③いや、鉛筆は持っていないよ。

⇨ ④うん、それ持ってるよ。　／— ⑤いや、それ持っていないよ。

⑥コーヒーほしいですか？　— ⑦ぜひ、それをいただきたいです。

⑧きみ、ギター いくつ持ってるの？　— ⑨わたしは５本ギターを持ってるよ。

⇨ ⑩ わたしはそれを５本持ってるよ。

◎ combien de ＋無冠詞名詞「いくつの〜」と訊かれたときの答えにも en を使う。

もうひとつの用法は、前にも出た語を繰り返してクドくなるのを避けるため、〈de ＋前に出た語〉→ en にしてしまうというものだ。

前置詞 de には、主に３つの意味があった。「〜から」「〜について」「〜の」だ。それぞれの用法について例文をあげておいたので見てみよう。

⑪ あなたはその病院へ行くのですか？

— ⑫ いいえ、わたしは**その病院から**戻ってきました。

◎前置詞 de を「〜から」という意味で使っている例文だ。

⇨ ⑬ いいえ、わたしは**そこから**戻ってきました。

⑭ ヴァンサンはその展覧会について話した？

— ⑮ はい、彼は**その展覧会について**話しました。

◎前置詞 de を「〜について」という意味で使っている例文だ。

⇨ ⑯ はい、彼は**それについて**話しました。

⑰ それは興味深い小説なんだ、でも、わたしは**その小説の**題名を忘れてしまった。

◎前置詞 de を「〜の」という意味で使っている例文だ。

⇨ ⑱ …でも、わたしは**それの**題名を忘れてしまった。

(2) y

■■■用法❶ 「そこに、そこで」

Tu vas à la gare ? — Oui, j'y vais.
テュ ヴァ ア ラ ギャーる ウィ ジ ヴェ
きみ、駅へ行くの？ うん、そこへ行くよ。

〔à、dans、chez、en などの前置詞〕
＋ 場所「どこどこに、どこどこで」
⇨ y「そこに、そこで」

① **Tu vas à la gare ?** — ② **Oui, je vais à la gare.**
テュ ヴァ ア ラ ギャーる　ウィ ジュ ヴェ ア ラ ギャーる

⇨③ **Oui, j'y vais.**
ウィ ジ ヴェ

④ **Vincent est allé chez Luc ?**
ヴァンサン エタレ シェ リュック

— ⑤ **Oui, il est allé chez Luc.**
ウィ イレタレ シェ リュック

⇨⑥ **Oui, il y est allé.**
ウィ イリエタレ

■■■用法❷ 「それに」

Tu as répondu à cette lettre ?
テュ ア れポンデュ ア セット レットる
きみ、この手紙に返事書いたの？

— J'y réponds tout de suite.
ジ れポン トゥ ド スュイット
すぐそれに返事書くよ。

à ＋ナントカ「ナントカに」⇨ y「それに」

⑦ **Tu as répondu à cette lettre ?**
テュ ア れポンデュ ア セット レットる

—⑧ **Je réponds à cette lettre tout de suite.**
ジュ れポン ア セット レットる トゥ ド スュイット

⇨—⑨ **J'y réponds tout de suite.**
ジ れポン トゥ ド スュイット

用法❶は、場所「どこどこに」「どこどこで」というのを、そのまま繰り返すとクドくなりそうだから「そこに」「そこで」と言い換えたいとき、〈場所の前にくっつける前置詞（à、dans、chez、en など）＋場所の名〉をまとめて y に変えて、それを動詞の前に入れればよいのだ。

① きみ、駅に行くの？　―② うん、わたしは駅に行くよ。

⇨③ うん、わたしはそこに行くよ。

◎ je と y がくっつくときは、je の e が消えて、j'y となる。

④ ヴァンサンはリュックのところに行ったの？

―⑤ うん、彼はリュックのところに行った。

◎ est allé なので、時制は複合過去「行った」。

⇨⑥ うん、彼はそこに行った。

用法❷は、場所に関係ないときの用法だ。à ＋もの＝「〜に」というのを繰り返したくなくて「それに」と言いたいとき、〈à ＋もの〉をまとめて y に変えて、それを動詞の前に入れればよいのだ。

⑦ きみ、この手紙に返事書いたの？

―⑧ すぐその手紙に返事書くよ。

⇨―⑨ すぐそれに返事書くよ。

◎ réponds の不定詞は répondre。過去分詞は répondu だ。

「〜に返事をする、〜に返事を書く」という場合はかならず répondre à という形にしないといけない。だから répondre à cette lettre で「この手紙に返事を書く」となり、「それに返事を書く」なら y répondre となるわけだ。

◎ちなみにここでは à ＋もの「なになにに」=y「それに」という言い換え表現をやったわけだが、à ＋人「だれだれに」の場合については、実はもう学習済みなのだ！ 156 ページを参照してほしい。

Je réponds à Vincent.「わたしはヴァンサンに返事をする（を書く）」

→ Je lui réponds.「わたしは彼に返事をする（を書く）」

lui（彼に、彼女に）、leur（彼らに、彼女らに）は「もの」については使えない、とあのときチラリと書いておいたのだが、「もの」についてはこの y を使えばいいというわけなのだ。

(3) le

Hélène aime Vincent, je le sais.
エレーヌ　エーム　ヴァンサン　ジュ　ル　セ
エレーヌはヴァンサンを愛してる、わたしはそのことを知っている。

①**Lucie est jolie ?**
リュスィー　エ　ジョリ
—②**Oui, elle est jolie.**
ウィ　エレ　ジョリ

⇨ —③**Oui, elle l'est.**
ウィ　エル　レ

④**Vous êtes médecin ?**
ヴゼット　メトサン
—⑤**Non, je ne suis pas médecin.**
ノン　ジュ　ヌ　スュイ　パ　メトサン

⇨ —⑥**Non, je ne le suis pas.**
ノン　ジュ　ヌ　ル　スュイ　パ

⑦**Nous pouvons sortir ?**
ヌ　プヴォン　ソるティーる
—⑧**Oui, vous pouvez sortir.**
ウィ　ヴ　プヴェ　ソるティーる

⇨ —⑨**Oui, vous le pouvez.**
ウィ　ヴ　ル　プヴェ

⑩**Hélène aime Vincent, je le sais.**
エレーヌ　エーム　ヴァンサン　ジュ　ル　セ

またまた **le** の登場だが、おなじみの定冠詞 le、la、les の le ともちがうし、「彼を、それを」と言うときの le とも別ものだ。今度のは「中性代名詞の le」。

① リュシーはかわいいですか？　—② はい、彼女はかわいいです。

⇨ —③ はい、彼女はそうです。

この場合、すでに出た jolie という形容詞を繰り返したくないので、形容詞 jolie（ジョリ）の部分を le で言い換えて、動詞の前に入れているのだ。

このように中性代名詞 le は形容詞の代わりを果たすことができる。

性・数に関係なく、どんな形の形容詞でも le で言い換えてしまっていいから便利だ！

④ あなたは医師ですか？　—⑤ いいえ、わたしは医師ではありません。

⇨ —⑥ いいえ、わたしはそうではありません。

職業や国籍など、être のあとに冠詞なしでくっつけていい「属詞」も、この中性代名詞 le で受けることができる。これまた性・数に関係なく le で言い換えていいのだ。

⑦ わたしたちは出かけていいですか？

—⑧ ええ、あなたがたは出かけていいです。

⇨—⑨ ええ、あなたがたはそうしていいです。

不定詞もさくっと le で受けることができる！

⑩ エレーヌはヴァンサンを愛している、わたしはそのことを知っている。

ちょっと毛色はちがうが、しょっちゅう見かけるのがこの使い方だ。なにか一語を指しているのではなく、「エレーヌはヴァンサンを愛している」という、前に出た内容全体を指して「そのこと」と言い換えているのである！

13-3……条件法現在

■■■用法❶ 「～するのになぁ」

Si j'étais une grenouille, je nagerais toute la journée.
スィ ジェテ ユヌ グるヌイユ ジュ ナジュれ トゥット ラ ジュるネ
もしもわたしがカエルなら、一日中泳ぐのになぁ。

Si 主語＋半過去，主語＋条件法現在
もしも～が～するなら、～は～するのになぁ。

〈条件法現在の活用〉

●aimer の条件法現在●
「～を愛するのになぁ」

j'aimerais ジェムれ	nous aimerions ヌゼムりオン
tu aimerais テュ エムれ	vous aimeriez ヴゼムりエ
il aimerait イレムれ	ils aimeraient イルゼムれ
elle aimerait エレムれ	elles aimeraient エルゼムれ

●finir の条件法現在●
「～を終えるのになぁ」

je finirais ジュ フィニれ	nous finirions ヌ フィニりオン
tu finirais テュ フィニれ	vous finiriez ヴ フィニりエ
il finirait イル フィニれ	ils finiraient イル フィニれ
elle finirait エル フィニれ	elles finiraient エル フィニれ

●être の条件法現在●
「～という状態になるのになぁ」

je serais ジュ スれ	nous serions ヌ スりオン
tu serais テュ スれ	vous seriez ヴ スりエ
il serait イル スれ	ils seraient イル スれ
elle serait エル スれ	elle seraient エル スれ

●avoir の条件法現在●
「～を持つのになぁ」

j'aurais ジョれ	nous aurions ヌゾりオン
tu aurais テュ オれ	vous auriez ヴゾりエ
il aurait イロれ	ils auraient イルゾれ
elle aurait エロれ	elles auraient エルゾれ

■■■用法❷ ていねい表現

Je voudrais (J'aimerais) prendre une photo.
ジュ ヴドれ ジェムれ プらンドる ユヌ フォト
わたしは写真を１枚撮りたいのですが。

「条件法」などというと、難しそうで身構えてしまうが、ここで紹介するふたつの使い方さえ覚えてくれれば、ひとまず安心なのだ。
まずは「もしも～が～するなら、～なのになぁ」という表現の「～なのになぁ」の部分にこの条件法現在を使うという用法。
左のカコミにあるように、〈si 主語＋半過去〉で「本当はそんなことありえないんだけど、もしもそうだとしたら」という、現在におけるありえない仮定をして、そのあとに〈主語＋条件法現在〉をくっつけて「～は～するのになぁ」という文をつくることができる。

◎ここで注意しなくちゃいけないことは、この文の前半〈si 主語＋半過去〉は、半過去形を使いはするものの、過去のことを言っているのではなくて「現在における」ありえない仮定をしているのだということだ。〈si 主語＋半過去〉の場合は、半過去を過去っぽい日本語で訳すと×なので気をつけよう。

では、ありえることを仮定してふつうに「～が～したら、～するだろう」と言うにはどうすればいいか。次のようになる。

Si j'ai le temps, j'irai chez toi. もし時間があれば、きみのところへ行くよ。
スィ ジェ ル タン ジれ シェ トワ

〈Si 主語＋ふつうの（直説法）現在、主語＋単純未来〉

これを、さっきの「ありえない仮定」の文に書き換えてみると

Si j'avais le temps, j'irais chez toi.
スィ ジャヴェ ル タン ジれ シェ トワ
もしも時間があるなら、きみのところへ行くのになぁ。 となるわけだ。

◎上の例なら、「時間があるかもしれないし、そうすればきみのところへも行かれそう」という可能性がある言い方だが、下の例だと、「実際には時間がなくて、行きたいけど行かれないんだ！」というザンネン感がありあり出ている文章なのだ！

条件法現在の活用を覚えよう！　前にやった「単純未来」の形（208 ページ参照）にそっくりなので、ちがいを把握した上で覚えること。条件法現在の活用語尾はすべての動詞について同じ。

条件法の「～なのになぁ」と並ぶもうひとつの使い方は、「ていねい表現」だ。
vouloir（ヴロワーる）（142 ページ参照）のふつうの（直説法）現在を使って Je veux（ジュ ヴ）不定詞「～したい」と言うと語調がキツすぎるので、条件法を使って Je voudrais 不定詞で言うと、「～したいのですが」とていねいに言い表せる。aimer を使って J'aimerais 不定詞、もオススメ。旅行のときに便利だ！

条件法現在の例文

①Si j'étais une grenouille, je nagerais toute la journée.
スィ ジェテ ユヌ グるヌイユ ジュ ナジュれ トゥット ラ ジュるネ

②Si j'étais un ours, je dormirais pendant l'hiver.
スィ ジェテ アヌるス ジュ ドるミれ パンダン リヴェーる

③Si tu étais un génie, tu finirais tes devoirs en une minute !
スィ テュ エテ アン ジェニー テュ フィニれ テ ドヴォワーる アン ユヌ ミニュット

④S'il était gentil, je l'aimerais.
スィレテ ジャンティ ジュ レムれ

⑤Si elle était gentille, je l'aimerais.
スィ エレテ ジャンティーユ ジュ レムれ

⑥Si j'avais le temps, j'irais chez toi.
スィ ジャヴェ ル タン ジれ シェ トワ

⑦Si tu m'aimais, je serais heureux.
スィ テュ メメ ジュ スれズーるー

⑧Si tu m'aimais, je serais heureuse.
スィ テュ メメ ジュ スれズーるーズ

⑨S'ils l'aidaient, elle aurait plus de temps.
スィル レデ エロれ プリュス ド タン

⑩Si vous les aidiez, ils auraient plus de temps.
スィ ヴ レゼディエ イルゾれ プリュス ド タン

⑪Je voudrais prendre une photo.
ジュ ヴドれ プらンドる ユヌ フォト

⑫J'aimerais visiter le musée d'Orsay.
ジェムれ ヴィズィテ ル ミュゼ ドるセー

⑬Voudriez-vous (Pourriez-vous) ouvrir la porte ?
ヴドリエ ヴ プリエ ヴ ウヴりーる ラ ポるト

⑭Vous auriez une pièce de vingt centimes ?
ヴゾりエ ユヌ ピエス ド ヴァン サンティーム

① もしもわたしがカエルなら、一日中泳ぐのになぁ。

前ページでやったように、半過去で「ありえない仮定」をしてから「そうしたら〜なのになぁ」と条件法を使って言い表すわけである！

② もしもわたしがクマなら、冬の間眠るのになぁ。

◎ dormir：不規則動詞「眠る」

③ もしもきみが天才なら、宿題を 1 分で終えるのにねえ！

◎ en une minute：「1 分で」。en une demi-heure なら「半時間（30 分）で」。

④ もしも彼が優しければ、わたしは彼を愛するのになぁ。

◎「彼を」ということで、le になり、母音とぶつかるので l' となっている。

⑤ もしも彼女が優しければ、わたしは彼女を愛するのになぁ。

◎「彼女を」ということで、la になり、母音とぶつかるので l' となっている。

⑥ もしも時間があるなら、わたしはきみのところに行くのになぁ。

◎ aller は j'irais, tu irais...となる。やはり単純未来のときに似ている。

⑦ もしもきみがぼくを愛してくれるなら、ぼくは幸せなのになぁ。

◎これは今現在、「きみ」は「ぼく」を愛してないってことですね。

⑧ もしもきみがわたしを愛してくれるなら、わたしは幸せなのになぁ。

◎ heureuse なので、話し手は女性。

⑨ もしも彼らが彼女を助けてあげるなら、彼女にはもっと時間ができるのになぁ。

◎l' だけでは「彼を」なのか「彼女を」なのかわからないが、後半が elle となっているので「彼女を」だとわかるしくみだ。

⑩ もしもあなた（がた）が彼らを助けてあげるなら、彼らにはもっと時間ができるでしょうに。

⑪ わたしは写真を 1 枚撮りたいのですが。

◎許可を求めるかんじ。

⑫ わたしはオルセー美術館を訪れたいと思っています。

◎控えめに希望を述べるかんじ。

⑬ ドアを開けていただけますか？

◎ vouloir や pouvoir を使うと、「〜してくださいますか？」とお願いできるというのはすでにやったが（144 ページ参照）、条件法にするとさらにていねいにお願いできるのだ！

⑭ 20 サンチーム玉をお持ちですか？

◎その他の動詞も、たとえば avoir なら Vous avez... ？ と訊くよりも、Vous auriez... ? のほうがていねいな表現になるのだ。

pièce ♥：ここでは「硬貨、コイン」。

《三姉妹物語》

Hélène : **Ah, Catherine, tu étais chez Vincent ?**
ア　キャトりーヌ　テュ　エテ　シェ　ヴァンサン

Catherine : **Oui, j'y étais. Hélène, je voudrais te parler...**
ウィ　ジエテ　エレーヌ　ジュ　ヴドれ　トゥ　パるレ

H : **De quoi ? De ta relation avec Vincent ? Moi aussi je voulais en parler...**
ド　クワ　ド　タ　るラスィオン　アヴェック　ヴァンサン　モワ　オッスィ
ジュ　ヴレザン　パるレ

C : **En fait, ce soir, nous nous sommes définitivement quittés.**
アン　フェット　ス　ソワーる　ヌ　ヌ　ソム　デフィニティヴマン
キテ

H : **Oh... pourquoi ?**
オ　プるクワ

C : **Il dit qu'il aime quelqu'un d'autre !**
イル　ディ　キレーム　ケルカン　ドートる

H : **Qui ça ?! Lucie ?**
キ　サ　リュスィー

C : **Mais... Oui, c'est Lucie ! Comment tu le sais ?**
メ　ウィ　セ　リュスィー　コマン　テュ　ル　セ

H : **Oh... Je n'en étais pas sûre, mais je le pensais... Mais Lucie, elle n'aime pas Vincent, si ?**
オ　ジュナンネテ　パ　スューる　メ　ジュ　ル　パンセ
メ　リュスィー　エル　ネーム　パ　ヴァンサン　スィ

C : **Selon Vincent, Lucie l'aime aussi, donc ils s'aiment !**
スロン　ヴァンサン　リュスィー　レーム　オッスィ　ドンク　イル　セーム

H : **Ce n'est pas vrai ! Lucie n'a pas du tout dit ça ! Elle a trahi ma confiance !...**
ス　ネ　パ　ヴれ　リュスィー　ナ　パ　デュ　トゥ　ディ　サ
エラ　トらイ　マ　コンフィアンス
Si elle était devant moi, je la frapperais !
スィ　エレテ　ドヴァン　モワ　ジュ　ラ　フらっプれ

C : **Mais pourquoi est-ce que tu t'affoles comme ça ?**
メ　プるクワ　エスクテュ　タフォル　コム　サ

H : **Parce que... ! Moi aussi j'aime Vincent et j'en ai parlé à Lucie !**
パるス　ク　モワ　オッスィ　ジェーム　ヴァンサン　エ　ジャネ
パるレ　ア　リュスィー
Elle m'a écoutée sans rien dire, et pourtant elle aussi elle l'aimait, et maintenant ils s'aiment !
エル　マ　エクテ　サン　りアン　ディーる　エ　プるタン
エロッスィ　エル　レメ　エ　マントナン　イル　セーム

C : **Mais Hélène, toi aussi tu as trahi ma confiance ! Toi aussi tu l'aimes...!**
メ　エレーヌ　トワ　オッスィ　テュ　ア　トらイ　マ　コンフィアンス
トワ　オッスィ　テュ　レーム

H : **Je suis désolée, Catherine... Mais je n'ai pas pu m'en empêcher !**
ジュ　スュイ　デゾレ　キャトりーヌ　メ　ジュ　ネ　パ　ピュ
マンナンペシェ

エレーヌ（H）：あ、カトリーヌ、ヴァンサンのところに行ってたの？
カトリーヌ（C）：ええ、そこへ行ってた。エレーヌ、あなたと話がしたいんだけれど…
◎ y は chez Vincent を指す。je voudrais 条件法を使って控えめに表現。

H：何について？　あなたとヴァンサンの関係のこと？　わたしもその話がしたかったの…
◎ de は前置詞「～について」。quoi は「何」の意。en は de ta relation avec Vincent を指す。

C：実は、今晩わたしたち、決定的に別れたんだ。
◎ nous nous sommes quittés で代名動詞 se quitter の複合過去。définitivement：副詞「決定的に」

H：あら…どうして？

C：彼が、自分はほかのだれかを愛してるって言うんだよ！
◎ quelqu'un ♠：「だれか」。quelqu'un d'autre で「だれかほかの人」

H：だれそれ？　リュシー？

C：えっ…そう、リュシーなの！　あんたどうしてそれ知ってるの？
◎ mais：ここでは「しかし」というより驚いたときの「えっ」。
comment tu le sais ?：直訳だと「どのようにしてきみはそのことを知っている？」
le は中性代名詞「そのこと」。

H：あら…確信はなかったけど、そう考えてたんだ…。
◎ être sûr (e) de ナントカ：「ナントカについて確信がある」→ de ナントカの部分を中性代名詞 en にしている。

でもリュシーは、ヴァンサンのこと愛してない、でしょ？

C：ヴァンサンによると、リュシーも彼のことを愛してて、つまり両思いって！
◎ selon：前置詞「～によると」。ils s'aiment：代名動詞を使って「互いに～する」という表現。

H：うそだ！　リュシーは全然そんなこと言わなかった！　あの子はあたしの信頼を裏切ったんだ…もしも目の前にいたら、ひっぱたいてやるのに！
◎ c'est vrai の否定表現で、直訳なら「本当でない」。trahir：「裏切る」第二群規則動詞。「ありえない仮定」＋「～するのになぁ」の表現を使っている。

C：でも、どうしてあんたがそんなふうに逆上するわけ？
◎ s'affoler：代名動詞「逆上する、度を失う」。comme ça「そんなふうに、こんなふうに」

H：なぜって…！　あたしもヴァンサンを愛してて、それをリュシーに話したのよ！
◎ parler de ナントカ：「ナントカについて話す」を中性代名詞 en にしている。

わたしの話をなにも言わずに聞いて、それでいてあの子も彼を愛していたんだ、それで今では両思いなんて！
◎ sans ＋不定詞：「～せずに」。sans rien 不定詞：「なにも～せずに」。maintenant：「今、今や」

C：でもエレーヌ、あなたもあたしの信頼を裏切ったね！　あなたも彼を愛してるなんて…！

H：ごめん、カトリーヌ…。でもあたし、そうせずにはいられなかったの！
◎ je suis désolé (e)：「ごめんなさい、すみません」
s'empêcher de 不定詞：「～するのをがまんする」

13-4……条件法過去「～したのになぁ」

Si j'avais été libre hier, j'aurais mangé avec vous.
スィ　ジャヴェ　エテ　リーヴる　イエーる　ジョれ　マンジェ　アヴェック　ヴー
もしわたしが昨日ひまだったなら、わたしはきみたちと食べたのになぁ。

Si 主語＋大過去，主語＋条件法過去
もしも～が～したなら、～は～したのになぁ。

条件法過去の作りかた

【avoir か être の条件法現在】＋【過去分詞（助動詞が être の場合は性数一致が必要）】

●**manger**●（助動詞として avoir を使うパターン）

j'aurais mangé ジョれ　マンジェ わたしは食べたのになぁ	**nous aurions mangé** ヌゾりオン　マンジェ わたしたちは食べたのになぁ
tu aurais mangé テュ　オれ　マンジェ きみは食べたのになぁ	**vous auriez mangé** ヴゾりエ　マンジェ あなた（がた）は食べたのになぁ
il aurait mangé イロれ　マンジェ 彼は食べたのになぁ	**ils auraient mangé** イルゾれ　マンジェ 彼らは食べたのになぁ
elle aurait mangé エロれ　マンジェ 彼女は食べたのになぁ	**elles auraient mangé** エルゾれ　マンジェ 彼女らは食べたのになぁ

●**arriver**●（助動詞として être を使うパターン）

je serais arrivé(e) ジュ　スれ　アりヴェ わたしは到着したのになぁ	**nous serions arrivé(e)s** ヌ　スりオン　アりヴェ わたしたちは到着したのになぁ
tu serais arrivé(e) テュ　スれ　アりヴェ きみは到着したのになぁ	**vous seriez arrivé(e)(s)** ヴ　スりエ　アりヴェ あなた（がた）は到着したのになぁ
il serait arrivé イル　スれ　アりヴェ 彼は到着したのになぁ	**ils seraient arrivés** イル　スれ　アりヴェ 彼らは到着したのになぁ
elle serait arrivée エル　スれ　アりヴェ 彼女は到着したのになぁ	**elles seraient arrivées** エル　スれ　アりヴェ 彼女らは到着したのになぁ

さきほどの「条件法現在」の過去バージョンと思ってくれればいいだろう。「もしも（過去において）～が～したなら、～したのになぁ」という表現の「～したのになぁ」の部分にこの条件法過去を使うという話なのだ。左のカコミにあるように、〈si 主語＋大過去〉で「本当はそんなことにはなっていなかったんだけど、もしそうだったとしたら」という、過去におけるありえない仮定をして、そのあとに〈主語＋条件法過去〉をくっつけて「～は～したのになぁ」と言えるのだ。

「条件法現在」を「条件法過去」にするには、もうおなじみの方程式！「avoir か être の条件法現在」を助動詞として置いて、そのうしろに過去分詞をくっつければいいのだ！　ただし、助動詞が être の場合は、いつものように性数一致が必要なので忘れないようにしよう！

条件法過去の例文

①**Si j'avais été libre hier, j'aurais mangé avec vous**
スィ ジャヴェ エテ リーヴる イエーる ジョれ マンジェ アヴェック ヴー

②**Si tu avais pris un taxi, tu serais arrivé à temps.**
スィ テュ アヴェ プり アン タクスィ テュ スれ アりヴェ ア タン

③**Si vous me l'aviez dit, je n'aurais pas mangé ce**
スィ ヴ ム ラヴィエ ディ ジュ ノれ パ マンジェ ス

poisson.
ポワッソン

④**C'est complet ? J'aurais dû réserver !**
セ コンプレ ジョれ デュ れぜるヴェ

⑤**Tu es encore en retard ? Tu aurais dû te lever plus**
テュ エ アンコーらン るターる テュ オれ デュ トゥ ルヴェ プリュ

tôt !
ト

① もしわたしが昨日ひまだったら、わたしはきみたちと食べたのになぁ。

② もしきみがタクシーを使ったのなら、きみは間に合って到着したろうになぁ。

◎à temps（アタン）：間に合って

③ もしあなたがわたしにそのことを言ってくれていたら、わたしはこの魚を食べなかったろうに。

◎l'：「そのことを」中性代名詞の le。

④ 満員ですって？　わたしは予約しておくべきだったのになぁ！

◎complet：満員の、完全な。

【devoir 不定詞】「～するべきである」を条件法過去で使って「～しておくべきだった（のにしなかった）」という後悔の念や、人に対してなじるような表現（笑）をすることができる。

⑤ きみ、また遅れているの？　きみはもっと早く起床するべきだったんだよ！

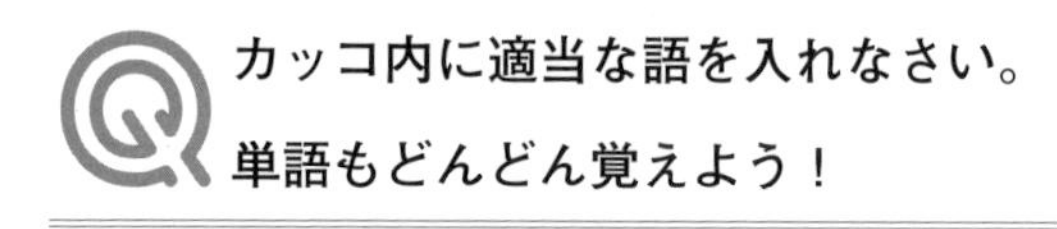

練習問題 13

カッコ内に適当な語を入れなさい。
単語もどんどん覚えよう！

(1) 権三郎は彼の母に叱られた。
Gonzaburô (　　　) (　　　) grondé par sa mère.

(2) 一匹のハエが竹蔵によって飲み込まれるだろう。
Une mouche (　　　) (　　　) par Takézô.

(3) きみ、ペン持ってる？　—ううん、持っていないよ。
Tu as des stylos ?　— Non, je (　　　) (　　　) pas.

(4) バルテズはその試合について話した？
—うん、彼はそれについて話した。
Barthez a parlé du match ?　— Oui, il (　　　) (　　　) parlé.

(5) わたしはボルドーをよく知っています、わたしはそこに住んでいたんです。
Je connais bien Bordeaux, j' (　　　) habitais.

(6) 須磨子は猫を13匹飼っているんだ、きみ、そのことを知ってた？
Sumako a treize chats, tu (　　　) savais ?

(7) バルテズさんにお会いしたいのですが。
Je (　　　) voir Monsieur Barthez.

(8) わたしが金持ちだったら、パリにひとつのアパルトマンを買うんだが。
Si j' (　　　) riche, j' (　　　) un appartement à Paris.

(9) もしきみがわたしにそう言ってくれたんなら、わたしは彼に電話したのに。
Si tu me l' (　　　) (　　　), j' (　　　) (　　　) téléphoné.

(10) 彼らは予約しておくべきだった。
Ils (　　　) dû (　　　).

発展問題 13

作文してみよう。
そして発音して覚えよう！

（1）カトリーヌとリュシーはエレーヌに殴られた。

（2）わたしの祖母は彼女の友人たちに愛されていた。

（3）きみ、ワイン欲しい？　―うん、それをぜひ欲しいな。

（4）彼女はニースにいるの？　―今晩そこから戻ってくるんだ。

（5）リュシーは引っ越す予定なの？　彼女はそれについて私に話さなかった。

◎引っ越す：déménager（デメナジェ）

（6）彼はリヨンを知ってるかな？　―うん、彼は2年前にそこに行ったよ。

（7）わたしはそのメールを受け取った、そしてそれにすでに返事をした。

◎そのメール：le mail（ル メル）♠　◎受け取る：recevoir（るスヴォワーる）過去分詞は reçu（るスュ）

（8）わたしの姪はひとつの難しい試験を受け、そしてそれに成功(合格) した。

◎試験を受ける：avoir un examen（アヴォワーらン エグザマン）

（9）もしわたしが彼の母なら、わたしは彼を叱るだろうに。

（10）もしわたしに時間があったならば、料理をしたんだけれど。

F.C.L
10

Leçon 14

1 現在分詞

2 ジェロンディフ

3 接続法

4 接続法過去

14-1……現在分詞

Je connais le garçon dansant joyeusement.
ジュ　コネ　ル　ギャるソン　ダンサン　ジョワイユーズマン
わたしは、楽しそうに踊っているあの男の子を知っている。

現在分詞のつくり方

danser：nous dansons だから… ⇨ **dansant**
ダンセ　ヌ　ダンソン　ダンサン

finir：nous finissons だから… ⇨ **finissant**
フィニーる　ヌ　フィニッソン　フィニッサン

例外

avoir の現在分詞：**ayant**
アヴォワーる　エイヤン

être の現在分詞：**étant**
エートる　エタン

savoir の現在分詞：**sachant**　などなど…。
サヴォワーる　サッシャン

現在分詞の使い方

現在分詞は、直前の名詞についての説明をつけ加えるはたらきをする。

①**Je connais le garçon dansant joyeusement.**
ジュ　コネ　ル　ギャるソン　ダンサン　ジョワイユーズマン

(**= Je connais le garçon qui danse joyeusement.**)
ジュ　コネ　ル　ギャるソン　キ　ダンス　ジョワイユーズマン

②**Il a rencontré Hélène portant une valise.**
イラ　らンコントれ　エレーヌ　ポるタン　ユヌ　ヴァリーズ

(**= Il a rencontré Hélène qui portait une valise.**)
イラ　らンコントれ　エレーヌ　キ　ポるテ　ユヌ　ヴァリーズ

「現在」分詞といっても、時制には関係なく、現在についての文でも過去についての文でも使えるものだ。
つくり方は左のとおりで、たいていの動詞については、直説法現在の nous の活用形から語幹がわかるので、それに -ant という語尾をくっつければできあがりだ。
多少例外もあるが…。例外はとりあえずここにあげた 3 つだけ覚えておけば、今のところはじゅうぶんだろう！

使い方だが、この「現在分詞」は基本的に、直前の名詞についての説明をつけ加えるもので、形容詞的なはたらきをすると考えるとよいだろう。
① わたしは、楽しそうに踊っているあの男の子を知っている。
下のカッコ内に示した、〈関係代名詞 qui ＋動詞の活用形〉を使った文と意味はマッタク同じだが、現在分詞を使うと語数も少なくなって、スッキリと言い表すことができるのだ。qui のうしろの動詞を先行詞にあわせて活用させる手間も省けるし…。

② 彼は、ひとつのスーツケースを持ったエレーヌに出会った。
これも下のカッコ内の、〈関係代名詞 qui ＋動詞の活用形〉を使った文と見比べてみてほしい。意味はやはりまったく同じだ。

現在分詞は「形容詞的なはたらきをする」と書いたが、現在分詞の場合、形容詞とちがって、その名詞と性・数をあわせてやる必要がないのでラクだ！ 上の例の場合、直前の Hélène は女性であるが、だからといって portante などとはしなくていいわけだ。

ちなみに、形容詞の中には男性形 -ant、女性形 -ante となっているものもあるが、これは現在分詞とは別ものと考えたほうがよいだろう。例をあげて見てみよう。
形容詞：charmant ♠、charmante ♥「魅力的な」
シャるマン シャるマント
現在分詞：**charmant だれだれ**「だれだれを魅了する」
シャるマン
両方とも charmer「魅了する」という動詞からできてはいるが、使い方は…。
シャるメ

une voix charmante「魅力的な声」（形容詞）
ユヌ ヴォワ シャるマント
une voix charmant les hommes「男たちを魅了する声」（現在分詞）
ユヌ ヴォワ シャるマン レゾム

14-2……ジェロンディフ

Barthez marche en chantant.
バるテズ マるシュ アン シャンタン
バルテズは歌いながら歩いている。

ジェロンディフのつくり方

〈en ＋現在分詞〉

ジェロンディフの使い方

ジェロンディフは、〈主語＋動詞〉という部分に関して、主語がその動作をどんなふうに行っているかなどの説明をつけ加える。

① **Barthez marche en chantant.**
バるテズ マるシュ アン シャンタン

② **En réfléchissant, tu trouveras la solution.**
アン れフレッシッサン テュ トるーヴら ラ ソリュスィオン

③ **Tout en sachant la vérité, Vincent ne dit rien.**
トゥッタン サッシャン ラ ヴェりテ ヴァンサン ヌ ディ りアン

「ジェロンディフ」ってなんだ!? と思うかもしれないが、これは文法用語だ。「現在分詞」とか「条件法」とか、文法用語はいちいち日本語に訳されているのだが、なぜかこの「ジェロンディフ」だけは、日本語の訳語がないのだ。どの文法書を見ても「ジェロンディフ」としか書いてないので、これはそういうものだと覚えよう。
つくり方はいたってカンタン、左のとおりだ。
使い方も左に書いたとおりで、前ページの「現在分詞」が「形容詞的なはたらき」だったのに対し、ジェロンディフは、〈主語＋動詞〉の動詞の部分を説明するものなので「副詞的なはたらき」をするものだと言える。
訳し方はいろいろあって、そのつど文脈から判断する必要があるが、とりあえず下にあげる3つの例での訳し方を覚えておけば、今のところじゅうぶんだろう！

① バルテズは歌いながら歩いている。

まずは、ジェロンディフの部分を「〜しながら」と訳すべき使い方。これが基本。
ここでは marche（マるシュ）という動作を「どんなふうに」やっているか…「歌いながら」だ！というわけだ。
ジェロンディフは基本的に「〜しながら」という、動詞部分との「同時性」のニュアンスはつねに持っている。文脈しだいで、それにさらにいろいろなニュアンスが加わる。

② よく考えれば、きみは解決策を見つけるだろう。

今度は「〜すれば」という「条件」を表す使い方だ。メインの動詞 trouveras（トるーヴら）は単純未来形。メインの動詞が単純未来形の場合、ジェロンディフはこの「〜すれば」という訳し方になることが多い。「〜すれば → 〜するだろう」という理屈だ。

③ 真実を知っているのに、ヴァンサンはなにも言わない。

ジェロンディフの頭に tout（トゥ）（副詞「まったく、すっかり」など、意味を強めるはたらき）がつくと、「〜なのに」という「対立」の意味になることが多い。あくまで全体の文脈から判断すべきではあるが…。
sachant（サッシャン）は246ページにあるとおり、savoir（サヴォワーる）の現在分詞。ne...rien（ヌ りアン）は「なにも〜ない」。

現在分詞の例文

①**Je connais l'ours chantant très mal.**
ジュ コネ ルるス シャンタン トれ マル

②**Il était une fois une maison charmant tous les passants.**
イレテ ユヌ フォワ ユヌ メゾン シャるマン トゥ レ パッサン

③**Nous avons rencontré Catherine allant à la gare.**
ヌザヴォン らンコントれ キャトりーヌ アラン ア ラ ギャーる

ジェロンディフの例文

④**Ne parle pas en mangeant, Barthez !**
ヌ パるル パ アン マンジャン バるテズ

⑤**En allant à l'université, vous rencontrerez ce professeur.**
アナラン ア リュニヴェるスィテ ヴ らンコントるれ ス プろフェッスーる

⑥**Tout en étant riche, Catherine n'est pas heureuse.**
トゥタンネタン りッシュ キャトりーヌ ネパ ウーるーズ

現在分詞とジェロンディフのちがい

…スタジアムへ行っていたのは、「わたし」か「竹蔵」か、どっちだ？！

⑦**J'ai rencontré Takézô revenant du stade.**
ジェ らンコントれ タケゾー るヴナン デュ スタッド

⑧**J'ai rencontré Takézô en revenant du stade.**
ジェ らンコントれ タケゾー アン るヴナン デュ スタッド

① わたしは、へたっぴに歌っているあのクマを知っている。

② 昔あるところに、通る人すべてを魅了する家があった。
◎ il était une fois：「昔、あるところに〜があった」

③ わたしたちは、駅に向かっているカトリーヌに出会った。

④ 食べながらしゃべるな、バルテズ！

⑤ その大学に行けば、あなた（がた）はその教授に出会うでしょう。
◎ aller のジェロンディフを使っている。rencontrerez は単純未来形。

⑥ 金持ちなのに、カトリーヌは幸せでない。
◎ être のジェロンディフを使っている。

ここで、現在分詞とジェロンディフの使い方のちがいがわかるふたつの文を紹介しておこう。

⑦ わたしは、スタジアムから戻ってくる竹蔵に出会った。
（わたしはスタジアム帰りの竹蔵に出会った。）
◎前に書いたように、現在分詞は形容詞みたいに直前の名詞について説明するので、この文で「スタジアムへ行っていて、そこから戻ってきた」のは「竹蔵」ということになる。「わたし」がスタジアムへ行っていたかどうかは、この文からはまったくわからない。

⑧ わたしは、スタジアムから戻ってくるときに、竹蔵に出会った。
（わたしはスタジアム帰りに竹蔵に出会った。）
◎これまた前に書いたように、ジェロンディフは副詞みたいに、〈主語＋動詞〉の部分について説明するので、この文で「スタジアムへ行っていて、そこから戻ってきた」のは主語である「わたし」ということになる。
「竹蔵」がスタジアムへ行っていたかどうかは、この文からはまったくわからない。

ジェロンディフは、つねにその文の主語についての説明をしていると考えてよい！

14-3……接続法現在

Je veux que Lucie vienne.
ジュ　ヴ　ク　リュスィー　ヴィエンヌ
わたしはリュシーに来てほしい。

まずは、今まで出てきた「ナントカ法」のおさらい。

直説法	事実を客観的に述べるときに使う。「～する、～した、～していた」など。 ニュアンスや主観をまじえず、一番フツーに述べるときに使う。
命令法	命令するときに使う（当たり前か…）。「～しろ、～してください」
条件法	①ありえない仮定から生じるありえない結果を言うときに使う。 「～するのになあ、～したのになあ」 ②ていねいなニュアンスなどを加えたいときに使う。 「～したいのですが」

ここで新たに出てくる接続法は…?

接続法	主観的なことがらを述べるときに使う。

接続法現在の活用

●**aimer** の接続法現在●

j'aime ジェーム	nous aimions ヌゼミオン
tu aimes テュ　エーム	vous aimiez ヴゼミエ
il aime イレーム	ils aiment イルゼーム
elle aime エレーム	elles aiment エルゼーム

●**finir** の接続法現在●

je finisse ジュ　フィニッス	nous finissions ヌ　フィニッスィオン
tu finisses テュ　フィニッス	vous finissiez ヴ　フィニッスィエ
il finisse イル　フィニッス	ils finissent イル　フィニッス
elle finisse エル　フィニッス	elles finissent エル　フィニッス

●**être** の接続法現在●

je sois ジュ　ソワ	nous soyons ヌ　ソワイヨン
tu sois テュ　ソワ	vous soyez ヴ　ソワイエ
il soit イル　ソワ	ils soient イル　ソワ
elle soit エル　ソワ	elles soient エル　ソワ

●**avoir** の接続法現在●

j'aie ジェ	nous ayons ヌゼイヨン
tu aies テュ　エ	vous ayez ヴゼイエ
il ait イレ	ils aient イルゼ
elle ait エレ	elles aient エルゼ

「接続法」なんて言われても、初耳ならやはり「はあ？」というかんじだが、どういうふうに使うものなのかわかれば、「なあんだ」と納得できるはず。とりあえず今まで出てきたいろいろな「ナントカ法」が実はあったわけだが、それをまとめてここで復習してしまおう。

ここで新たに学ぶ「接続法」は、どういうときに使うものなのか、簡潔に書けば左ページのとおりなのだが…これではまだピンとこないのでは？ 詳しい使い方は次ページで例文といっしょに見ていくことにして、まずは活用形をおさえてしまおう。

接続法現在の活用形は、インパクトに欠けるし、なんとも中途ハンパなかんじがするかもしれないが、これもまた慣れていっていただきたい。たいてい、直説法現在の ils、elles が主語のときの活用形の、-ent より前の部分が語幹となる。

chanter（シャンテ）：直説法現在のとき ils **chant**ent（イル シャント）だから… ⇨ 語幹は chant-

finir（フィニーる）：直説法現在のとき ils **finiss**ent（イル フィニッス）だから… ⇨ 語幹は finiss-

その語幹に、je、tu、il、elle、nous、vous、ils、elles というそれぞれの主語にあわせて -e、-es、-e、-e、-ions、-iez、-ent、-ent という語尾をくっつければできあがりだ。
ただし、être（エートる）と avoir（アヴォワーる）は例外なので、左ページにのせた活用表を参照して、このふたつは個別に覚えてほしい。

ほかにも、語幹が例外的だったり、nous と vous のところだけ語幹が変わるものもあるので、主なものをいくつかあげておく。

faire（フェーる）　je fasse... nous fassions...（ジュ ファッス　ヌ　ファッスィオン）

pouvoir（プヴォワーる）　je puisse... nous puissions...（ジュ ピュイッス　ヌ　ピュイッスィオン）

savoir（サヴォワーる）　je sache... nous sachions...（ジュ サッシュ　ヌ　サッシオン）

aller（アレ）　j'aille... nous allions...（ジャイユ　ヌザリオン）

vouloir（ヴロワーる）　je veuille... nous voulions...（ジュ ヴイユ　ヌ　ヴリオン）

接続法のいろいろな使い方

(1) 願望や感情、判断などを表す特定の動詞や特定の言い回しのあとにくる〈que 主語＋動詞〉の「動詞」の部分が接続法となる。

比べてみよう

① **Je veux que Lucie vienne.**
ジュ ヴ ク リュスィー ヴィエンヌ

② **Je sais que Lucie vient.**（直説法）
ジュ セ ク リュスィー ヴィヤン

③ **Nous souhaitons que tu réussisses à ton examen.**
ヌ スエトン ク テュ れユッスィッス ア トネグザマン

④ **Je suis content que vous chantiez pour moi.**
ジュ スュイ コンタン ク ヴ シャンティエ プーる モワ

⑤ **Il faut que tu ailles à l'école.**
イル フォー ク テュ アイユ ア レコル

比べてみよう

⑥ **Je ne pense pas qu'elle vienne.**
ジュ ヌ パンス パ ケル ヴィエンヌ

⑦ **Je pense qu'elle vient.**（直説法）
ジュ パンス ケル ヴィヤン

⑧ **Pensez-vous qu'elle vienne ?**
パンセ ヴ ケル ヴィエンヌ

要するに、接続法は「今日はここで接続法使ってみようかな〜、やっぱやめようかな〜」などと話し手が勝手に決められるようなものではなく！どういうときに使うべきかがすでに決まっているものなのだ。

つまり、「特定の動詞」や「特定の言い回し」のあとで使うことになっている。

① わたしはリュシーに来てほしい。

◎vouloir のあとに que 主語＋動詞をくっつけて、「主語が動詞してほしい」と願望を言い表したい場合、この que 主語＋動詞の「動詞」の部分はかならず接続法にしなければならない。これは辞書で vouloir を引けば書いてあることなのだ。

② わたしはリュシーが来ると知っている。

◎上の文と比べてみると、今度はメインの動詞が savoir だ。〈savoir ＋ que 主語＋動詞〉は、単に「主語が動詞することを知っている」と事実を客観的に述べているだけで、願望などではないので、この場合は que 主語＋動詞の「動詞」は接続法にならず、直説法でいい、というわけなのだ。

③ わたしたちは、きみが試験に成功（合格）するよう願っています。

◎この文のメインの動詞 souhaiter「願う」も願望を表す動詞なので、〈souhaiter ＋ que 主語＋動詞〉とする場合、この que 主語＋動詞の「動詞」はかならず接続法にするべし、と決まっている。それも souhaiter を辞書で引くと書いてあるぞ！

④ あなた（がた）がわたしのために歌ってくれてうれしいです。

◎これも〈être content (e) ＋ que 主語＋動詞〉で「主語が動詞してうれしい」と言いたい場合は、この que 主語＋動詞の「動詞」部分はかならず接続法にしなければならない。

⑤ きみは学校へ行かなければならない。

◎なつかしの il faut...の表現（146 ページ）を使って、〈il faut ＋ que 主語＋動詞〉で「主語は動詞しなければならない」と言い表すときも、que 主語＋動詞の「動詞」部分はかならず接続法。ailles というのは aller の接続法現在だ！

⑥ わたしは彼女が来るとは思わない。

◎ penser「〜と思う」のように、判断を表す動詞の場合は、否定文と疑問文（かつ内容を疑わしいと思っている場合）のときだけ、que 主語＋動詞の「動詞」部分を接続法にする。

⑦ わたしは彼女が来ると思う。

◎この場合は「彼女が来る」ということを話し手が事実として考えているので直説法のままでいいということなのだ。

⑧ あなたは彼女が来ると思っているんですか？

◎このような疑問文で接続法を使うと「あなたはそう思っているんですか？　わたしにはそう思えませんが…」というニュアンスを表すことができる。

(2) 特定の決まり表現のあとではかならず動詞は接続法にしなければならない。

pour que 主語＋動詞「主語が動詞するために」
プーる ク
bien que 主語＋動詞「主語が動詞するにもかかわらず」
ビヤン ク
「主語は動詞するけれども」
avant que 主語＋動詞「主語が動詞する前に」
アヴァン ク
jusqu'à ce que 主語＋動詞「主語が動詞するまで」
ジュスカ ス ク
などなど…。

① **Je vous donne la clef pour que vous puissiez entrer dans cette chambre.**
ジュ ヴ ドンヌ ラ クレ プーる ク ヴ ピュイッスィエ アントれ ダン セット シャーンブる

② **Hélène parle énormément bien qu'elle soit malade.**
エレーヌ パるル エノるメマン ビヤン ケル ソワ マラッド

③ **Cachons ces photos avant que Céline vienne !**
キャション セ フォト アヴァン ク セリーヌ ヴィエンヌ

④ **Nous allons attendre jusqu'à ce que Barthez sorte de la piscine.**
ヌザロン アタンドる ジュスカ ス ク バるテズ ソるト ド ラ ピスィーヌ

(3) 関係代名詞のあとで、先行詞がまだ本当には存在しない「あったらいいな」的なものだったりするとき、動詞は接続法を使う。

⑤ **Je cherche un étudiant qui soit fort en informatique.**
ジュ シェるシュ アネテュディアン キ ソワ フォーる アンナンフォるマティック

⑥ **Nous cherchons un appartement qui ait quatre pièces.**
ヌ シェるション アナパるトマン キ エ キャトる ピエス

左にあげたいくつかの決まり表現のあとでは、もはや文法上の決まりとして、動詞を接続法にしなければならないことになっているので、例文丸ごと覚えて慣れてしまおう。

① あなたがこの部屋に入れるように、あなたにそのカギをあげましょう。

◎ puissiez というのが、pouvoir の vous が主語のときの接続法現在。

② エレーヌは、病気なのにもかかわらず（なのだけれども）、ものすごくしゃべる（しゃべっている）。

◎ soit は être の接続法現在。見慣れておこう。

③ セリーヌが来る前に、これらの写真を隠そう！

◎ cacher：-er 動詞「隠す」

④ バルテズがプールから出てくるまで、わたしたちは待つつもりです。

◎ Nous allons attendre は〈aller ＋不定詞〉の「近接未来」。忘れた人は 86 ページへ！
sorte は sortir の接続法。

⑤ わたしは、コンピュータ（情報科学）に強いひとりの男子学生を探している。

◎ être fort (e) en 分野、で「〜の分野に強い」。

この場合、「こういう人はいないか」と探しているだけで、実際にはまだそういう人が存在しているわけではないので、接続法を使うのである。

⑥ わたしたちは、4 部屋あるアパルトマンを探している。

◎ pièce ♥：前の章では「硬貨、コイン」の意味で出てきたが、ここでは「部屋、間（ま）」の意味で使っている。

この文でも、まだそういうアパルトマンは現実にはなくて、探し中なのだということで接続法を用いている。

《三姉妹物語・最終章》

Je m'appelle Lucie. J'ai deux sœurs aînées.
ジュ マペル リュスィー ジェ ドゥ スーる エネ

Catherine, la plus grande, sortait avec un garçon, Vincent.
キャトりーヌ ラ プリュ グらンド ソるテ アヴェック アン ギャるソン ヴァンサン

Hélène, ma deuxième sœur, elle aimait Vincent tout en sachant qu'il était le copain de sa grande sœur.
エレーヌ マ ドゥズィエム スーる エレメ ヴァンサン トゥタン サッシャン キレテ ル コパン ド サ グらンド スーる

Un jour, j'ai rencontré Hélène marchant joyeusement.
アン ジューる ジェ らンコントれ エレーヌ マるシャン ジョワイユーズマン

Elle allait voir un film avec Vincent.
エラレ ヴォワーる アン フィルム アヴェック ヴァンサン

En l'entendant parler de son amour pour Vincent, je me suis aperçue de mes propres sentiments : moi aussi, j'aimais Vincent.
アンランタンダン パるレ ド ソナムーる プーる ヴァンサン ジュ ム スユイ アペるスュ ド メ プろプる サンティマン モワ オッスィ ジェメ ヴァンサン

Deux jours plus tard, Vincent m'a déclaré son amour.
ドゥ ジューる プリュ ターる ヴァンサン マ デクラれ ソナムーる

J'étais embarrassée, mais j'ai accepté en disant :《moi aussi je t'aime》.
ジェテ アンバらっセ メ ジェ アクセプテ アン ディザン モワ オッスィ ジュ テーム

De toute façon, je suis contente qu'il m'aime.
ド トゥット ファソン ジュ スユイ コンタント キル メーム

Pourtant, en apprenant que nous nous aimons, Hélène s'est mise très en colère, bien que Catherine qui n'aime plus Vincent soit restée calme.
プるタン アン アプるナン ク ヌ ヌゼモン エレーヌ セ ミーズ トれザン コレーる ビヤン ク キャトりーヌ キ ネーム プリュ ヴァンサン ソワ れステ カルム

Hélène m'a frappée en pleurant.
エレーヌ マ フらっぺ アン プルらン

Je souhaite qu'elle comprenne la situation.
ジュ スエット ケル コンプれンヌ ラ スィテュアスィオン

Mais il faudra que j'attende longtemps jusqu'à ce qu'elle me pardonne.
メ イル フォードら ク ジャタンド ロンタン ジュスカ ス ケル ム パるドンヌ

わたしはリュシーという名だ。わたしにはふたりの姉がいる。

◎ aîné：形容詞「先に生まれた、年長の」

カトリーヌ、上の姉は、ヴァンサンという男の子とつきあっていた。

◎ la plus grande sœur:「一番大きい姉」という最上級だが、「ふたりのうちの大きいほう」という意味でも使う。sortir avec 人：「だれだれと（恋愛関係として）付き合う」

エレーヌ、わたしの２番目の姉は、ヴァンサンを愛していた、彼が自分の姉の彼氏だということを知っているのにだ。

◎ tout ＋ジェロンディフ：「～なのに」

ある日わたしは、うれしそうに歩いているエレーヌに出会った。

◎ un jour「ある日」。marchant:現在分詞なので直前の「エレーヌ」について言っている。joyeusement:副詞「楽しく、愉快に、楽しそうに」。形容詞は joyeux ♠（joyeuse ♥）。

彼女はヴァンサンと映画を見に行くところだったのだ。

◎ allait：aller の半過去。英語の過去進行形のような使い方だ。

彼女のヴァンサンへの愛を聞いて、わたしは自分自身の本当の気持ちに気がついた。

◎ en entendant: entendre「聞こえる、わかる」のジェロンディフ。「聞きながら、聞いて」s'apercevoir de 名詞：「～に気がつく」。「：」:「つまり、すなわち」などの意味で使う。

わたしも、ヴァンサンを愛していたのだ。

２日後、ヴァンサンはわたしに愛を告白した。

◎「時の表現＋ plus tard」で「～後」。

わたしは当惑していた、が、こう言って受け入れた「わたしもきみを愛してる」と。

◎ embarrassé (e)：形容詞「当惑した、困惑した」。accepter：-er 動詞「受け入れる」

いずれにせよ、彼がわたしを愛していることはうれしい。

◎ de toute façon：成句「いずれにせよ、とにかく」。je suis contente que のあとの動詞は接続法になるので、この aime は、-er 動詞なので形は直説法現在と同じだが、実は接続法現在。

とはいえ、わたしたちが愛し合っていることを知って、エレーヌはとても怒った。もうヴァンサンを愛していないカトリーヌは冷静なままだったが。

◎ nous nous aimons：s'aimer 代名動詞の相互的用法。se mettre en colère：「怒る」

エレーヌは泣きながらわたしを殴った。

◎ m'「わたしを」の「わたし」が女性なので frappé に e がつく。173 ページ参照のこと。

わたしは彼女が状況を理解してくれることを願っている。

◎ souhaiter que のうしろの動詞は接続法。conprenne は comprendre「理解する」だ。

でも、彼女がわたしを許してくれるまで、わたしは長いこと待たなければならないだろう。

◎ il faudra は il faut の単純未来。il faut que のうしろは接続法なので attende という形。jusqu'à ce que のあとも接続法になるので pardonne もやはり接続法（直説法と同形だが）。

14-4……接続法過去

Je suis content que vous ayez chanté pour moi.
ジュ スュイ コンタン ク ヴゼイエ シャンテ プーる モワ
あなた（がた）がわたしのために歌ってくれたことがうれしいです。

接続法過去の作りかた

【avoir か être の接続法現在】
＋【過去分詞（助動詞が être の場合は性数一致が必要）】

●**manger**●（助動詞として avoir を使うパターン）

j'aie mangé ジェ マンジェ	nous ayons mangé ヌゼイヨン マンジェ
tu aies mangé テュ エ マンジェ	vous ayez mangé ヴゼイエ マンジェ
il ait mangé イレ マンジェ	ils aient mangé イルゼ マンジェ
elle ait mangé エレ マンジェ	elles aient mangé エルゼ マンジェ

●**arriver**●（助動詞として être を使うパターン）

je sois arrivé(e) ジュ ソワ アりヴェ	nous soyons arrivé(e)s ヌ ソワイヨン アりヴェ
tu sois arrivé(e) テュ ソワ アりヴェ	vous soyez arrivé(e)(s) ヴ ソワイエ アりヴェ
il soit arrivé イル ソワ アりヴェ	ils soient arrivés イル ソワ アりヴェ
elle soit arrivée エル ソワ アりヴェ	elles soient arrivées エル ソワ アりヴェ

さきほどの「接続法現在」の過去バージョン！

さっき見てきたとおり、特定の言い回しのあとの〈que 主語＋動詞〉の動詞部分は接続法にしなくてはならないのだが、その言いたい内容がたまたま過去だったら、この「接続法過去」を使わなければならないということなのだ。

「接続法現在」を「接続法過去」にするには、もうおなじみの方程式！

「avoir か être の接続法現在」を助動詞として置いて、そのうしろに過去分詞をくっつければいいのだ！　ただし、助動詞が être の場合は、いつものように性数一致が必要なので忘れないようにしよう！

接続法過去の例文

①**Je suis content que vous ayez chanté pour moi.**
ジュ スュイ コンタン ク ヴゼイエ シャンテ プーる モワ

②**Nous sommes heureux que vous soyez venues.**
ヌッソム ウーるー ク ヴ ソワイエ ヴニュ

③**Je ne pense pas que Barthez ait mangé la taupe.**
ジュ ヌ パンス パ ク バるテズ エ マンジェ ラ トープ

④**Barthez a faim, bien qu'il ait mangé tout à l'heure.**
バるテズ ア ファン ビヤン キレ マンジェ トゥタルーる

① あなた(がた)がわたしのために歌ってくれたことがうれしいです。

◎「接続法現在」の部分に出てきた
Je suis content que vous chantiez pour moi. という例文と比べてみよう。

② わたしたち（男性を含む）は、あなたがた（女性複数）が来てくれたことで幸せです。

③ わたしは、バルテズがあのモグラを食べたとは思わない。

④ バルテズはもう空腹だ、さっき食べたのに。

この本でさっき見てきた「接続法」の表現の中では、「接続法過去」を自然に使うのは上の4パターンの表現くらいなので、今のところはこれらをすぐ使えるようにしておけばいいだろう！

練習問題 14

カッコ内に適当な語を入れなさい。
単語もどんどん覚えよう！

（1）わたしはテレビを見ているわたしの父をわたしの家で見出した。
J'ai trouvé mon père（　　　　　）la télé chez moi.

（2）それはメガネをかけたひとりの女子学生だった。
C'était une étudiante（　　　　　）des lunettes.
◎メガネをかける：porter des lunettes（ポるテ デ リュネット）

（3）バルテズは音楽を聴きながら歩いていた。
Barthez marchait（　　　）（　　　　　）de la musique.

（4）よく考えれば、きみはこの壺を買わないだろう。
（　　　）（　　　　　）, tu n'achèteras pas ce vase.

（5）きみはわたしに皿洗いをしてほしい？
Tu veux que je（　　　　　）la vaisselle ?
◎皿洗いをする：faire la vaisselle（フェーる ラ ヴェッセル）

（6）わたしは彼女たちが満足しているとは思わない。
Je ne pense pas qu'elles（　　　　　）（　　　　　）.

（7）きみは地下鉄に乗らなければならない。
Il faut que tu（　　　　　）le métro.
◎ prendre の接続法現在は je prenne... となる。（ジュ プれンヌ）

（8）わたしの祖母はきみが彼女のために歌ってくれて喜んでいる。
Ma grand-mère est contente que tu（　　　）（　　　　）pour elle.

（9）わたしは彼が理解したとは思わない。
Je ne pense pas qu'il（　　　　　）（　　　　　）.

（10）須磨子は試験に合格しなかった、彼女はよく準備したのに。
Sumako n'a pas réussi à l'examen, bien qu'elle（　　　）bien（　　　　　）.

発展問題 14

作文してみよう。

（1）ひとりで歩いている小さな男の子がいた。

◎ひとりで（副詞）：seul（スル）

（2）わたしはとても大きな声で話しているひとりの男を見た。

◎大きな声で話す：parler haut（パるレ　オ）

（3）バルテズは歩きながら歌っていた。

（4）タクシーを使えば、わたしたちは9時に着くだろう。

◎タクシーを使う：prendre un taxi（プらンドる　アン　タクスィ）

（5）わたしはあなたがたに明日来てほしいのですが。

（6）わたしは彼にわたしの水着を貸す、彼が泳ぐことができるように。

◎水着：un maillot de bain（アン　マイヨ　ド　バン）♠

（7）竹蔵はバルテズが自分の宿題を終えるまでここで待っている。

（8）権三郎は彼の姪が試験に合格したことで喜んでいる。

（9）喜和子は須磨子が嘘をついたと思っていない。

◎嘘をつく：mentir（マンティーる）　過去分詞は menti（マンティ）

（10）バルテズは眠がっている、よく眠ったのに。

◎眠い：avoir sommeil（アヴォワーる　ソメイユ）

終わった～!!　おつかれさま～!!

問題の解答

練習問題 1-1

（1）サーブル　（2）メーる　（3）リーニュ　（4）スメーヌ
（5）マガザン　（6）コネサンス　（7）ユニヴェるスィテ　（8）パン
（9）ポるト　（10）ポーる

発展問題 1-1

（1）ショワ　（2）プれズィダン　（3）フーる　（4）サンス
（5）テらピ　（6）コマン　（7）ミニュット　（8）マン
（9）オるディナトゥーる　（10）アンプりマント

練習問題 1-2

（1）un アンペーる　（2）le ルペーるドゥカトりーヌ
（3）une ユヌターブル　（4）un アンミュゼ　（5）le ルミュゼ
（6）du デュクらージュ　（7）le ルソレイユ　（8）la ラリュヌ
（9）de, la ドラビエーる　（10）du デュヴァン

発展問題 1-2

（1）de, l' ドゥロー　（2）de, l' ドゥラるジャン
（3）l' ロム　（4）un アノム　（5）la ラテーる
（6）de, la ドゥラヴィアンド　（7）la ラヴィアンド
（8）l' ラヴィオン　（9）l' レコル　（10）de, la ドラシャンス

練習問題 2-1

（1）habiter

j'habite ジャビット	nous habitons ヌザビトン
tu habites テュ アビット	vous habitez ヴザビテ
il habite イラビット	ils habitent イルザビット
elle habite エラビット	elles habitent エルザビット

（2）donner

je donne ジュ ドンヌ	nous donnons ヌ　ドノン
tu donnes テュ　ドンヌ	vous donnez ヴ　ドネ
il donne イル ドンヌ	ils donnent イル　ドンヌ
elle donne エル　ドンヌ	elles donnent エル　ドンヌ

(3) parler

je parle ジュパるル	nous parlons ヌ　パるロン
tu parles テュ パるル	vous parlez ヴ　パるレ
il parle イル パるル	ils parlent イル パるル
elle parle エル パるル	elles parlent エル　パるル

(4) manger

je mange ジュマンジュ	nous mangeons ヌ　マンジョン
tu manges テュ マンジュ	vous mangez ヴ　マンジェ
il mange イル マンジュ	ils mangent イル マンジュ
elle mange エル マンジュ	elles mangent エル　マンジュ

◎nous mangeons は、音が「マンゴン」にならず「マンジョン」になるように、例外的に e を入れなければならない。

(5) marcher

je marche ジュ マるシュ	nous marchons ヌ　マるション
tu marches テュ マるシュ	vous marchez ヴ　マるシェ
il marche イル マるシュ	ils marchent イル マるシュ
elle marche エル マるシュ	elles marchent エル　マるシュ

発展問題 2-1

(1) Barthez habite à Paris.
バるテズ　アビッタ　パり

(2) Catherine donne des livres à Hélène.
キャトりーヌ　ドンヌ　デ りーヴル ア エレーヌ

(3) Nous mangeons de la viande.
ヌ　マンジョン ドゥ ラ ヴィアンド

(4) J'arrive à Tokyo.
ジャりーヴ アトーキョー

(5) Elle travaille à Osaka.
エル トらヴァイユ ア オーサカ

(6) Nous habitons à Tokyo.
ヌザビトン　アトーキョー

(7) Vous mangez bien !
ヴ　マンジェ ビヤン

(8) Takézô donne le livre à Barthez.
タケゾー　ドンヌ　ル りーヴる ア　バるテズ

(9) Ils mangent du pain.
イル　マンジュ　デュ パン

(10) J'aime la musique.
ジェーム ラ ミュズィーク

練習問題 2-2

（1）habiter

je n'habite pas ジュ ナビット パ	nous n'habitons pas ヌナビトン パ
tu n'habites pas テュ ナビット パ	vous n'habitez pas ヴナビテ パ
il n'habite pas イルナビット パ	ils n'habitent pas イルナビット パ
elle n'habite pas エル ナビット パ	elles n'habitent pas エルナビット パ

（2）téléphoner

je ne téléphone pas ジュヌテレフォンヌ パ	nous ne téléphonons pas ヌ ヌテレフォノン パ
tu ne téléphones pas テュヌテレフォンヌ パ	vous ne téléphonez pas ヴ ヌテレフォネ パ
il ne téléphone pas イルヌテレフォンヌ パ	ils ne téléphonent pas イルヌテレフォンヌ パ
elle ne téléphone pas エル ヌ テレフォンヌ パ	elles ne téléphonent pas エル ヌ テレフォンヌ パ

（3）parler

je ne parle pas ジュ ヌ パるル パ	nous ne parlons pas ヌ ヌ パるロン パ
tu ne parles pas テュ ヌ パるル パ	vous ne parlez pas ヴ ヌ パるレ パ
il ne parle pas イルヌ パるル パ	ils ne parlent pas イル ヌ パるル パ
elle ne parle pas エル ヌ パるル パ	elles ne parlent pas エル ヌ パるル パ

（4）manger

je ne mange pas ジュ ヌ マンジュ パ	nous ne mangeons pas ヌ ヌ マンジョン パ
tu ne manges pas テュヌ マンジュ パ	vous ne mangez pas ヴ ヌ マンジェ パ
il ne mange pas イルヌ マンジュ パ	ils ne mangent pas イル ヌ マンジュ パ
elle ne mange pas エル ヌ マンジュ パ	elles ne mangent pas エル ヌ マンジュ パ

◎ nous mangeons は、音が「マンゴン」にならず「マンジョン」になるように、例外的に e を入れなければならない。

（5）écouter

je n'écoute pas ジュ ネクット パ	nous n'écoutons pas ヌ ネクトン パ
tu n'écoutes pas テュ ネクット パ	vous n'écoutez pas ヴ ネクテ パ
il n'écoute pas イルネクット パ	ils n'écoutent pas イル ネクット パ
elle n'écoute pas エル ネクット パ	elles n'écoutent pas エル ネクット パ

発展問題 2-2

（1）Je n'arrive pas à Paris.
ジュ ナりーヴ パ ア パり

（2）Catherine n'aime pas le tennis.
キャトりーヌ ネーム パ ル テニス

（3）Elle ne parle pas japonais.
エル ヌ パるル パ ジャポネ

（4）Je ne regarde pas la télévision.
ジュ ヌ るギャるド パ ラ テレヴィズィオン

（5）Barthez ne travaille pas.
バるテズ ヌトらヴァイユ パ

（6）Catherine ne donne pas le numéro de téléphone de Vincent à Hélène.
キャトりーヌ ヌ ドンヌ パ ル ニュメろ ド テレフォンヌ ド ヴァンサン ア エレーヌ

（7）Vous n'habitez pas à Paris.
ヴ ナビテ パ ア パり

（8）Ils n'aiment pas la musique.
イル ネーム パ ラ ミュズィーク

（9）Vincent ne téléphone pas à Hélène.
ヴァンサン ヌ テレフォンヌ パ ア エレーヌ

（10）Catherine et Hélène ne dansent pas.
キャトりーヌ エ エレーヌ ヌ ダンス パ

練習問題3

（1）sa （2）sa （3）son （4）son （5）son
（6）son （7）cette （8）ce （9）trois （10）ces

発展問題3

（1）Je téléphone à mes parents.
ジュ テレフォンヌ ア メ パらン

（2）Il arrive à Tokyo dans huit jours.
イラ りーヴァ トーキョー ダン ユイ ジューる

（3）Sa tante mange une pomme tous les jours.
サ タント マンジュ ユヌ ポンム トゥ レ ジューる

（4）Nous écoutons leurs chansons tous les jours.
ヌゼクトン ルーる シャンソン トゥ レ ジューる

（5）Ma mère travaille à Fukuoka.
マ メーる トらヴァイユ ア フクオカ

（6）Ces garçons chantent tous les jours.
セ ギャるソン シャント トゥ レ ジューる

（7）Je donne ces pommes à ma tante.
ジュ ドンヌ セ ポンム ア マ タント

（8）Votre oncle n'habite pas à Tokyo.
ヴォートる オンクルナビット パ アトーキョー

（9）Trois hommes dansent.
トろワゾム ダンス

（10）Takézô prête six crayons à Lucie.
タケゾー プれット スィ クれヨン アリュスィー

練習問題4

Q1：（1）sont （2）avez （3）avons （4）C'est （5）Il y a

Q2：（1）française （2）sportives （3）grands, grande
フらンセーズ スポるティヴ グらン グらンド

（4）internationaux, internationale （5）blancs, blanche, blanches
アンテるナスィオノー アンテるナスィオナル ブラン ブランシュ ブランシュ

発展問題 4

（1）Nous sommes heureux.
ヌッソム ウーるー
（2）Tu as soif ?（As-tu soif ? Est-ce que tu as soif ? も OK）
テュ ア ソワフ
（3）Elle a une voiture blanche.
エラ ユヌ ヴォワテューる ブランシュ
（4）C'est sa maison.
セ サ メゾン
（5）Il y a une banque devant la gare.
イリヤ ユヌ バンク ドヴァン ラ ギャーる
（6）Ses frères sont sympathiques.
セ フれーる ソン サンパティック
（7）Il y a un livre étranger sur la table.
イリヤ アンリーヴる エトらンジェ スュる ラ ターブル
（8）C'est un garçon actif.
セ アンギャるソンアクティフ
（9）C'est son grand frère.
セ ソン グらン フれーる
（10）Elle a un petit frère.
エラ アン プティ フれーる

練習問題5

（1）vais, à （2）allons, en （3）vient, de （4）viennent, du
（5）vont, au （6）vient, de （7）allons, visiter （8）vais, donner
（9）vient, de, manger （10）viennent, d'arriver, du

発展問題 5

（1）Nous allons en Chine.
ヌザロン アン シーヌ
（2）Vous venez d'Angleterre ?
ヴ ヴネ ダングルテーる
（3）Tony et Kate viennent des États-Unis.
トニー エ ケイト ヴィエンヌ デゼタズュニ
（4）Hélène et Lucie vont au cinéma.
エレーヌ エ リュスィー ヴォン オ スィネマ
（5）Il va regarder la télévision ce soir.
イル ヴァ るギャるデ ラテレヴィズィオン ス ソワーる
（6）Mes parents habitent en France.
メ パらン アビッタン フらンス
（7）Sa petite soeur habite au Japon.
サ プティット スーる アビットー ジャポン
（8）Ils viennent de manger quinze crêpes.
イル ヴィエンヌ ド マンジェ キャンズ クれップ
（9）Je viens de téléphoner à ta mère.
ジュヴィアン ド テレフォネ ア タ メーる
（10）Barthez va manger une taupe.
バるテズ ヴァ マンジェ ユヌ トープ

練習問題 6-1

Q 1

（1）

je choisis ジュ ショワズィ	nous choisissons ヌ ショワズィッソン
tu choisis テュ ショワズィ	vous choisissez ヴ ショワズィッセ
il choisit イル ショワズィ	ils choisissent イル ショワズィッス
elle choisit エル ショワズィ	elles choisissent エル ショワズィッス

（2）

je grandis ジュグらンディ	nous grandissons ヌ グらンディッソン
tu grandis テュグらンディ	vous grandissez ヴ グらンディッセ
il grandit イルグらンディ	ils grandissent イルグらンディッス
elle grandit エル グらンディ	elles grandissent エル グらンディッス

（3）

j'obéis ジョベイ	nous obéissons ヌゾベイッソン
tu obéis テュオベイ	vous obéissez ヴゾベイッセ
il obéit イロベイ	ils obéissent イルゾベイッス
elle obéit エロベイ	elles obéissent エルゾベイッス

Q 2

（1）finis （2）réussissent （3）viennent, de, finir （4）obéit

（5）choisissons

発展問題 6-1

（1）Elle obéit à sa grande soeur.
エロベイ ア サ グらンド スーる

（2）Takézô réfléchit avant d'agir.
タケゾー れフレッシ アヴァン ダジーる

（3）Ce professeur vient de réussir à l'opération de mon père.
ス ぷろフェッスーるヴィアン ド れユッスィーら ロペらスィオン ド モン ペーる

（4）Lucie va réussir à réparer sa voiture.
リュスィー ヴァ れユッスィーら れパれ サ ヴォワテューる

（5）Je ne choisis pas ce roman de Zola.（le roman でも OK!）
ジュ ヌ ショワズィ パ ス ろマン ド ゾラ

（6）Cet arbre grandit très vite.
セッタるブるグらンディ トれヴィット

（7）Ils vont finir leurs devoirs.
イル ヴォン フィニーる ルーるドゥヴォワーる

（8）Nous venons de choisir nos desserts.
ヌ ヴノン ド ショワズィーる ノ デセーる

（9）Nous n'allons pas obéir à cet ordre.
ヌ ナロン パ オベイーら セットるドる

（10）Mon petit frère réfléchit avant de choisir un gâteau.
モン プチ フれーる れフレッシアヴァン ド ショワズィーらンガトー

練習問題6-2

(1) moins, grande (2) aussi, vite (3) le, plus, riche
(4) aussi, souvent (5) le, plus, souvent (6) meilleur, que
(7) le meilleur (8) mieux (9) parle, le, mieux
(10) meilleur

発展問題6-2

(1) Cette tarte est la meilleure du monde.
セット タるト エ ラ メイユーる デュ モンド
(2) Barthez court plus vite que la taupe.
バるテズ クーる プリュ ヴィット ク ラ トープ
(3) C'est Barthez qui danse le mieux de mes amis.
セ バるテズ キ ダンス ル ミュー ド メザミ
(4) Ce sorbet est moins bon que cette glace.
ス ソるベ エ モワン ボン ク セット グラス
(5) *Kokoro* est plus intéressant que *Sanshirô* ?
ココロ エ プリュザンテれッサン ク サンシロー
(6) C'est Barthez qui mange le mieux de l'équipe.
セ バるテズ キ マンジュ ル ミュー ド レキップ
(7) J'aime mieux Manet que Monet.
ジェーム ミュー マネ ク モネ
(8) L'anglais est plus difficile que le français.
ラングレ エ プリュ ディフィスィル ク ル フらンセ
(9) Le français est moins difficile que le russe.
ル フらンセ エ モワン ディフィスィル ク ル りゅッス
(10) C'est Hélène qui dessine le mieux de sa famille.
セ エレーヌ キ デスィヌ ル ミュー ド サ ファミーユ

練習問題 7-1

Q 1

(1) comprendre (2) apprendre

(1)		(2)	
je comprends ジュ コンプらン	nous comprenons ヌ コンプるノン	j'apprends ジャプらン	nous apprenons ヌザプるノン
tu conprends テュ コンプらン	vous comprenez ヴ コンプるネ	tu apprends テュ アプらン	vous apprenez ヴザプるネ
il comprend イル コンプらン	ils comprennent イル コンプれンヌ	il apprend イラプらン	ils apprennent イルザプれンヌ
elle comprend エル コンプらン	elles comprennent エル コンプれンヌ	elle apprend エラプらン	elles apprennent エルザプれンヌ

Q 2

（1）sortir

je sors ジュ ソーる	nous sortons ヌ ソるトン
tu sors テュ ソーる	vous sortez ヴ ソるテ
il sort イル ソーる	ils sortent イル ソるト
elle sort エル ソーる	elles sortent エル ソるト

（2）dormir

je dors ジュ ドーる	nous dormons ヌ ドるモン
tu dors テュ ドーる	vous dormez ヴ ドるメ
il dort イルドーる	ils dorment イル ドるム
elle dort エル ドーる	elles dorment エル ドるム

発展問題 7

（1）Elle prend le train tous les jours.
エル プらン ル トらン トゥ レ ジューる

（2）Barthez dort bien.
バるテズ ドーるビヤン

（3）Catherine et Vincent font du tennis.
キャトりーヌ エ ヴァンサン フォン デュ テニス

（4）Prenons une photo !
プるノン ユヌ フォト

（5）Gonzaburô part pour les États-Unis de Tokyo.
ゴンザブロー パーるプーる レゼタズュニ ド トーキョー

（6）Kiwako sort avec sa petite soeur.
キワコ ソーる アヴェック サ プティット スーる

（7）Nous apprenons le français.
ヌ ザプるノン ル フらンセ

（8）Il comprend le japonais.
イル コンプらン ル ジャポネ

（9）Ne prenez pas le petit déjeuner demain.
ヌ プるネ パ ル プティ デジュネ ドマン

（10）Ne mange pas cette taupe, Barthez !
ヌ マンジュ パ セット トープ バるテズ

練習問題 8

（1）Où　（2）Quand　（3）Quelle　（4）Quel

（5）Comment, venez　（6）Combien　（7）combien　（8）Quelle

（9）Où　（10）Pourquoi

発展問題 8

（1）Quand est-ce que vous partez pour la France ?
カンテス　ク　ヴ　パるテ　プーる　ラ　フらンス
（2）Où est-ce qu'elles prennent le déjeuner ?
ウ　エス　ケル　プれンヌ　ル　デジュネ
（3）Où est-ce que tu fais du tennis ?
ウ　エス　ク　テュフェ　デュ　テニス
（4）Comment est le nouveau film de Koreeda ?
コマン　エ　ル　ヌーヴォーフィルム　ド　コレエダ
（5）Quelle est votre saison préférée ?
ケレ　ヴォートる　セゾン　プれフェれ
（6）Il mange du poisson combien de fois par semaine ?
イル　マンジュ　デュ　ポワッソン　コンビヤン　ド　フォワ　パる　スメーヌ
（7）Comment est-ce que vous mangez cette légume ?
コマン　エス　ク　ヴ　マンジェ　セット　レギュム
（8）Combien de guitares avez-vous (est-ce que vous avez) ?
コンビヤン　ド　ギターる　アヴェヴ
（9）Pourquoi est-ce qu'ils courent ?
プるクワ　エス　キル　クーる
(10) Parce qu'il y a un incendie près d'ici.
パるス　キリヤ　アナンサンディ　プれディスィ

練習問題 9

（1）peux, arriver　（2）voulons　（3）peut, travailler

（4）Tu, veux ／ Veux-tu ／ Tu, peux ／ Peux-tu

（5）Il, fait　（6）Il, faut　（7）Il, est　(8) Qui　(9) Qu'est-ce, que

(10) Avec, qui

発展問題 9

（1）Nous voulons danser toute la nuit.
ヌ　ヴロン　ダンセ　トゥット　ラ　ニュイ
（2）Catherine ne veut pas aller au cinéma avec Vincent.
キャトりーヌ　ヌ　ヴ　パ　アレ　オ　スィネマ　アヴェックヴァンサン
（3）Puis-je (Je peux) manger ce gâteau ?
ピュイージュ　（ジュ　プ）　マンジェ　ス　ガトー
（4）Il faut une heure pour aller à l'aéroport en train.
イル　フォー　ユヌーる　プらレ　ア　ラエろポーる　アントらン
（5）Il est difficile de faire un gâteau.
イレ　ディフィスィルド　フェーらン　ガトー
（6）Peux-tu (Tu peux) (Veux-tu) (Tu veux) prêter ton vélo à mon frère ?
プ　テュ　（テュ　プ）　（ヴ　テュ）　（テュ　ヴ）　プれテ　トン　ヴェロ　ア　モン　フれーる
（7）Il faut apprendre le russe.
イル　フォー　アプらンドる　ル　りゅッス
（8）Qui vient ce soir ?
キ　ヴィヤンス　ソワーる
（9）Qui est-ce que tu aimes (Qui aimes-tu) ?
キ　エスク　テュ　エーム　キ　エーム　テュ
(10) De qui est-ce qu'elles parlent (De qui parlent-elles) ?
ド　キ　エス　ケル　パるル　ド　キ　パるルテル

練習問題 10

（1）les, aimons　（2）leur, téléphone　（3）l'　（4）lui
（5）me, téléphonent　（6）la, manger　（7）l', invitons
（8）vont, lui, moi　（9）plus, qu', eux　（10）moi

発展問題 10

（1）La tour Eiffel ?　Je ne le visite pas.
ラ トゥーれッフェル　ジュ ヌ ル ヴィズィット パ
（2）Ils ne vont pas l'inviter.
イル ヌ ヴォン パ ランヴィテ
（3）Tu peux lui demander son nom ?（Peux-tu ／ Tu veux ／ Veux-tu も OK）
テュ プ リュイ ドマンデ ソン ノン
（4）Vous pouvez m'aider ?（Pouvez-vous ／ Vous voulez ／ Voulez-vous も OK）
ヴ プヴェ メデ
（5）Il y a une photo. Hélène va la montrer à Vincent.
イリ ヤ ユヌ フォト エレーヌ ヴァ ラ モントれ アヴァンサン
（6）Il veut te téléphoner.
イル ヴ トゥ テレフォネ
（7）Je peux lui donner ton numéro de téléphone ?（Puis-je も OK）
ジュ プ リュイ ドネ トン ニュメろ ド テレフォンヌ
（8）C'est toi qui chante le mieux de nous.
セ トワ キ シャント ル ミュー ド ヌー
（9）Vous allez à Nice ? Moi, je vais à Cannes.
ヴザレ アニース モワ ジュ ヴェ ア カンヌ
（10）Elle est française, mais lui, il est Canadien.
エレ フらンセーズ メ リュイ イレ カナディヤン

練習問題 11

（1）ai, fini　（2）a, pas, pris　（3）sont, allées　（4）est, morte
（5）qui, court　（6）que　（7）où, est, mort　（8）dont
（9）moins, celui　（10）Ceux, veulent

発展問題 11

（1）Takézô et Barthez ont choisi ce film d'horreur
タケゾー エ バるテズ オン ショワズィ スフィルム ドるーる
（2）Kiwako et Gonzaburô sont arrivés à New York ce matin.
キワコ エ ゴンザブロー ソン タりヴェ ア ヌー ヨるク ス マタン
（3）Vincent ne leur a pas obéi.
ヴァンサン ヌ ルーる ア パ オベイ
（4）Ma nièce est née l'année dernière.
マ ニエス エ ネ ラネ デるニエーる
（5）Son grand-père a eu quatre-vingt-trois ans hier.
ソン グらンペーる ア ユ キャトるヴァントろワザン イエーる

(6) Je n'aime pas la chanson que Barthez chante toujours.
ジュ ネーム パ ラ シャンソン ク バるテズ シャントトゥジューる
(7) Lucie a pris le bus qui va jusqu'à Milan.
リュスィーア プり ルビュス キ ヴァ ジュスカ ミラン
(8) Nous avons réversé le restaurant où Gonzaburô mange souvent.
ヌザヴォン れぜるヴェル れストーらン ウ ゴンザブロー マンジュ スヴァン
(9) J'ai un ami dont la fille est la championne du monde des mathématiques.
ジェ アナミ ドン ラフィーユエ ラ シャンピオンヌ デュ モンド デ マテマティック
(10) Ce n'est pas ma voiture, c'est celle de Catherine.
ス ネ パ マヴォワテューる セ セル ド キャトりーヌ

練習問題 12

(1) se, sont, téléphoné (2) Réveille, toi (3) nous, couchons
(4) est, allée, avait (5) se, téléphonaient
(6) est, arrivée, avaient, mangé (7) irai (8) aura
(9) sera, rentrée (10) travaillera, sera, sorti

発展問題 12

(1) Ma mère s'est couchée à onze heures.
マ メーる セ クシェ ア オンズーる
(2) Lucie s'est versé du café.
リュスィー セ ヴェるセデュキャフェ
(3) Quand elle était petite, Sumako allait chez ses grands-parents le dimanche.
カン エレテ プティット スマコ アレ シェ セ グらンパらン ルディマンシュ
(4) J'ai commandé un chocolat chaud parce que j'avais froid.
ジェ コマンデ アン ショコラ ショー パるス ク ジャヴェ フろワ
(5) Quand Lucie est rentrée, ses parents se sont déjà couchés.
カン リュスィーエ らントれ セ パらン ス ソン デジャ クシェ
(6) Catherine est arrivée à l'aéroport, mais Vincent était déjà parti.
キャトりーヌ エタりヴェ アラエろポーる メ ヴァンサン エテ デジャパるティ
(7) Un jour Barthez mangera la taupe.
アンジューる バるテズ マンジュら ラ トープ
(8) Takézô et Barthez se lèveront à sept heures demain matin.
タケゾー エ バるテズ ス レヴろン ア セットゥーる ドマン マタン
(9) Barthez et Takézô mangeront du fromage quand ils seront arrivés en France.
バるテズ エ タケゾー マンジュろン デュフろマージュ カン イルスろン アりヴェアンフらンス
(10) Tu pourra sortir quand tu auras fini tes devoirs.
テュ プら ソるティーる カン テュ オら フィニ テドゥヴォワーる

練習問題 13

(1) a, été (2) sera, avalée (3) n'en, ai (4) en, a (5) y
(6) le (7) voudrais (8) étais, achèterais
(9) avais, dit, aurais, lui (10) auraient, réserver

発展問題 13

（1）Catherine et Lucie ont été frappées par Hélène.
キャトりーヌ エリュスィー オンテテ フらッペ パ れレーヌ

（2）Ma grand-mère était aimée de ses amis.
マ グらンメーる エテテメ ド セザミ

（3）Tu veux du vin ? —— Oui, j'en veux bien.
テュ ヴ デュヴァン ウイ ジャン ヴ ビヤン

（4）Elle est à Nice ? —— Elle en revient ce soir. (reviendra, va revenir でも OK)
エレタ ニース エラン るヴィヤン スソワーる

（5）Lucie va déménager ? Elle ne m'en a pas parlé.
リュスィーヴァ デメナジェ エル ヌ マンナ パ パるレ

（6）Il connaît Lyon ? —— Oui, il y est allé il y a deux ans.
イル コネ リヨン ウイ イリ エタレ イリヤ ドゥザン

（7）J'ai reçu le mail, et j'y ai déjà répondu.
ジェるスュ ル メル エ ジエ デジャ れポンデュ

（8）Ma nièce a eu un examen difficile et elle y a réussi.
マ ニエス ア ユ アネグザマン ディフィスィル エ エリヤ れユッスィ

（9）Si j'étais sa mère, je le gronderais.
スィ ジェテ サ メーる ジュル グろンドれ

（10）Si j'avais eu du temps, j'aurais fait la cuisine.
スィジャヴェ ユ デュ タン ジョれ フェ ラキュズィーヌ

練習問題 14

（1）regardant （2）portant （3）en, écoutant （4）En, réfléchissant

（5）fasse （6）soient, contentes （7）prennes （8）aies, chanté

（9）ait, compris （10）ait, préparé

発展問題 14

（1）Il y avait un petit garçon marchant seul.
イリヤヴェ アンプティギャるソン マるシャン スル

（2）J'ai vu un homme parlant très haut.
ジェヴュ アノム パるラン トれ オ

（3）Barthez chantait en marchant.
バるテズ シャンテ アン マるシャン

（4）En prenant un taxi, nous arriverons à neuf heures.
アン プるナン アンタクスィ ヌザりヴろン ア ヌヴーる

（5）Je voudrais que vous veniez demain.
ジュ ヴドれ ク ヴ ヴニエ ドマン

（6）Je lui prête mon maillot de bain, pour qu'il puisse nager.
ジュリュイプれット モン マイヨ ド バン プーる キル ピュイッス ナジェ

（7）Takézô attend ici jusqu'a ce que Barthez finisse ses devoirs.
タケゾー アタン イスィ ジュスカ ス ク バるテズ フィニッス セ ドゥヴォワーる

（8）Gonzaburô est content que sa nièce ait réussi à son examen.
ゴンザブロー エ コンタン ク サ ニエス エ れユッスィア ソネグザマン

（9）Kiwako ne pense pas que Sumako ait menti.
キワコ ヌ パンス パ ク スマコ エ マンティ

（10）Barthez a sommeil, bien qu'il ait bien dormi.
バるテズ ア ソメイユ ビヤン キレ ビヤン ドるミ

あとがき

ここまで読んできてくださった皆さん、ありがとうございました、そして、お疲れさまでした！ フランス語初学者向けの本を出すと決まってから試行錯誤を重ねてここまでやってきました。以前、浦一章さんというかたの『メモ式イタリア語早わかり』（三修社）というイタリア語のテキストを買ったとき、例文がどんどんつながっていってお話（しかもけっこうな愛憎劇…）になっていることに感激し、自分もいつか語学の本を出すならこういうしかけを作りたいものだと思っていました。そこで今回機会を得て、三姉妹の昼ドラ風のベタな物語を織り込んでみました。浦さんのようには手際よくいきませんが、なかなかに楽しんで書きましたので、皆さんにも繰り返し読んでいただければサイワイです。

ワタクシ普段は「昴教育研究所」という語学学校で講師をしておりますので、この本に出会ってフランス語学習をさらに深めたくなったというかた、大学院受験などでフランス語を短期間になんとかマスターしなければならなくなったかた、骨のある長文にも挑戦してみたくなったかた、お待ちしておりますので、ぜひお越しください。

昴教育研究所
昴教育研究所では、大学院入試の外国語対策に力を注ぐ傍ら、様々な学問分野をまたいで、院試で提出を求められる研究計画書や学術論文、また修士論文などの執筆の助言も行っている。
ウェブサイト：http://www.subarulc.jp/

最後になりましたが、お忙しい中フランス語部分のチェックをしてくださった早稲田大学のオディール・デュスュッド先生、期待どおりの味のある絵を描いてくださった十文字かっぱ画伯、左ページと右ページの性格分けを提案してくださった昴受講生のＥ村さん、部分赤字でのチェックシート使用を示唆してくださった昴受講生のＮ堀さん、この本を出すにあたってすべてにわたりお世話くださった岩元恵美さんと東京図書の松井誠さん、そしてこの本を買って読んでくださった皆さんに、心より感謝申しあげます。

2022 年 11 月吉日

中島 万紀子

●著者紹介

中島万紀子（なかじま　まきこ）

リヨン第2大学DEA課程修了、早稲田大学大学院文学研究科フランス文学専攻博士課程単位取得満期退学。現在、昴教育研究所にて、最初歩ABCから大学院入試対策まで、はたまた「歌って覚えるフランスの歌謡曲」から「フーコー精読」まで、多彩なフランス語講座を展開中。加えて、母校・早稲田大学にて非常勤講師として活躍中。
著書に『仏作文でよくわかるフランス語』（東京図書、2018年）、訳書にレーモン・クノー『サリー・マーラ全集』（水声社、2011年）がある。

新版 大学1・2年生のためのすぐわかるフランス語

2005年10月25日　第1版第1刷発行
2023年1月25日　新版第1刷発行

著　者　中島万紀子
発行所　東京図書株式会社
〒102-0072　東京都千代田区飯田橋3-11-19
電話● 03-3288-9461
振替● 00140-4-13803
ISBN978-4-489-02397-2
http://www.tokyo-tosho.co.jp